歩いて愉しむ京都の名所

カリスマ案内人が教える定番社寺・名所と味めぐり

柏井 壽

SB新書
617

はじめに

二年以上も続いたコロナ禍によって、京都は大きく変わりました。

オーバーツーリズムが声高に叫ばれていたコロナ前から、コロナ禍の最中は一転して静まり返り、そして四年目を迎えてようやくもとの京都に戻りつつあるようですが、これから先どうなるのか予測がつきません。令和二年を迎えたころは、まさかこんなことになるとはだれも思わなかったのですから。

この間の行動制限によって、多くの方々は不要不急と思われる外出を極力控えていました。ぼくもその例にもれず、医療関係者という立場もあって、実際の名所巡りは最小限にとどめ、名所の成り立ちを探り、そこに秘められた物語を振り返る時間としました。

そしてその物語を紐解くことで、名所の魅力がくっきりと浮かび上がってきたのです。

名所に物語あり。それが本書を著す切っ掛けとなりました。

定番中の定番、名所中の名所、京都を旅するならまずはここから、と言われるスポットは、どうしてもワンパターンになりがちです。

たとえば「清水寺」だと舞台にあがって、そこからの写真を撮る。あるいは奥から舞台の写真を撮る。それでもう「清水寺」はよく分かったと思ってしまいがちです。

あるいは「金閣寺」もそうですね。池の奥に建つ金閣に目を奪われ、ほかの見どころをスルーしてしまうのは、なんとももったいない話です。

というわけで、本書は定番とも王道ともいえる名所を、少し違った角度からご紹介しようと思います。

舞台だけでなく、こんな「清水寺」の見方がありますよ。「金閣寺」には金色に輝く楼閣だけでなく、こんなところもしっかり見てくださいね。そんな話です。

もうひとつ。名所の名所たるゆえんを、エピソードを交えてご紹介するのも本書のポイントです。名所にはかならず物語があります。

さらには「金閣寺」に対する「銀閣寺」、「清水寺」に対する「高台寺」というように、名所を対比させながらご紹介するのも、新たな試みのひとつです。

そしてそれら名所の近くにあるおいしいお店も併せて記しておきますので、名所のあとさきにお愉しみいただければ幸いです。お店の多くがコロナ禍以前に訪ねた記憶をたどって書いております。コロナ禍によって様変わりしたお店もなかにはあるかと思いますので、その点はご容赦ください。

二十の名所と六十軒のおいしいお店を組み合わせれば、きっと愉しく充実した京都旅になるものと確信しています。

「清水寺も金閣寺ももう行きましたよ」そうおっしゃる方にこそ、ぜひもう一度足を運んでいただきたい。そして、こんな見どころもあったのか、こんな物語があったのかと再認識していただければうれしいです。

目次

第二章　洛中の名所を歩く

京都御苑と鴨川

第三章　洛西の名所を歩く

第四章　洛東の名所を歩く

第五章　洛南の名所を歩く

第一章

洛北の名所を歩く

洛北エリアはどの辺りを指すのか。悩ましいところです。

はじめにでお話ししたように、洛の付くエリアはきわめてあいまいです。明確な定めがないせいでもありますが、ひとによって感覚が異なるせいでもあります。

ぼくの生まれは洛中でしたが、小学三年生から、古希を過ぎた今に至るまで、ずっと洛北で暮らしてきましたから、比較的狭いエリアを洛北と呼んできました。

ぼくの感覚で言うと、南は鞍馬口通ですが、北は果てしなく続き、北山の峰々辺りまでを洛北だと思ってきました。その点ではあまり異論がないだろうと思います。問題は東西の境界です。

東はどこまで、西はどこまでが洛北か。これはきっとひとによって見解が異なるだろうと思います。

たとえば「金閣寺」。この古刹を洛北と呼ぶか、洛西と呼ぶか、あるいは洛中と呼ぶか、微妙なところなのです。

先にお話ししたように、洛北の南限を鞍馬口通とすると、そのまさに西端にあたる場所に門がある「金閣寺」、正式名称「鹿苑寺」が建っているのですから、洛中との境界線上とも言えます。

その「金閣寺」からまっすぐ北に上ったところにある鷹峯は、誰もが洛北だと言い切るでしょうから、「金閣寺」も洛北と言えなくはないでしょう。

さらには「金閣寺」からすぐ東、四神相応の北方、玄武を護る船岡山はおおかたが洛北と呼ぶはずですから、やはり「金閣寺」も洛北かと思うのですが、西大路通から西は洛西というイメージも根強いのです。

なぜかと言えば、「金閣寺」の裏手にあたる衣笠山となると、さらに洛西という感覚が強くなりますし、そこから西に続く「龍安寺」となれば洛西そのもの、と言ってもいいでしょう。

そんなわけで、この洛北の章でご紹介していないところでも、ここは洛北に入るのでは？と疑問を持たれる方もいらっしゃるでしょうが、あくまでぼくのイメージでエリア分けをしているので、と先に言い訳をしておきます。洛北に限らず、どのエリアにも同様のことが言えると思います。

ご了承いただいたものとして、洛北名所へと進んでいきましょう。

三千院と寂光院

春夏秋冬愉しめる三千院

京都大原といえば「三千院」。今の熟年層の方なら、あの歌とともにその寺の名が浮かんでくることでしょう。〈女ひとり〉という歌。

もはや戦後という言葉さえ使われなくなったころ。混乱がおさまり、ようやく世の中は落ち着きを見せ始め、女性が安心してひとり旅を愉しめるようになった時代に流行した歌ですね。

当時流行していたご当地ソングの草分け的なこの歌には、「三千院」「高山寺」「大覚寺」と三つの寺が出てくるのですが、なんといっても、最初に出てくる「三千院」が印象に残ります。今でも口ずさめる方が少なくないのではないでしょうか。

語呂の良さも相まって、「三千院」は一躍人気寺院となり、この歌のおかげで京都旅の折に、洛北大原まで足を延ばすひとが飛躍的に増えたと言われています。

まだ見ぬ京都の大原という地には、「三千院」というお寺があって、恋に疲れた女性がひとりで旅をして、傷心を癒やすのです。

そして重要な役割を果たすのがその衣装、和装なのです。

結城に塩瀬の素描の帯。憧れますよね。女性なら一度はおなじことをしてみたい、そう思わせるほど絵になる光景です。

そんな歌が生まれてから半世紀以上が経った今でも大原の里には、しっとりした空気が流れているのです。

大原のベストシーズンはいつですか？

しばしばそんな質問をいただきますが、答えに困ってしまいます。なぜかと言えば、一年を通じて、それぞれの季節に魅力があるからです。

画題にもよく採りあげられる雪景色は一度は見ておきたいものです。

合掌造りの古民家の屋根が雪に覆われ、辺り一面が銀世界となるころの大原はぜひお奨めしたいと思います。

その雪が解け、川の流れが雪解け水で勢いを増す春もいいですね。ちらほらと梅の花が咲き、垣根の山茶花が咲き誇るころ、大原の里は目覚め始めます。

新緑が目にまぶしい初夏から、紫蘇畑が赤く染まる真夏までは、洛中よりも涼しいことから避暑がてら訪れるひとも少なくありません。

そして秋。洛中よりひと足先に紅葉が始まります。

「三千院」などは紅葉の名所に数えられるほどみごとな紅葉を見ることができます。街なかより空気が澄んでいるせいでしょうか。色も鮮やかで里景色によく溶け込んでいます。

ひとつだけ難を言えば、紅葉の時期は大勢の観光客で混み合うことです。

トップシーズンの週末ともなれば、バスは超満員、道路は大渋滞という事態に襲われます。時間や日にちを少しずらすことを強くお奨めします。

大原は京都と若狭を結ぶ道筋にあって、鉄路はありませんから、アクセスは路線バスです。ＪＲ京都駅前から大原行きのバスがありますから、少し時間は掛かりますが都大路を通り抜けるバス旅を愉しみましょう。

三千院を愉しむ手掛かり

別名を鯖街道と呼ぶ若狭街道から、少し山手へ上ったところに「三千院」があります。

里のなかの細道をたどり、ゆるやかな坂を上っていくと、なんとなく故郷に帰ってきたような気がするから不思議です。

まるで山城のような城壁を思わせる、立派な石垣に囲まれた山門には〈三千院門跡〉と書かれた木札が掛かっています。

京都のお寺でしばしば見かける〈門跡〉というのは、皇族や貴族の方々が住職を務める、特定の寺院のことです。お寺の格を表す言葉のひとつでもありますが、元をたどれば、日本における仏教の開祖の正式な後継者を指した言葉なのだそうです。それが鎌倉時代になって、位階の高い寺院そのものを言うようになり、のちになって、それらの寺院を門跡寺院と呼ぶようになったと言われています。

天台宗においては、この「三千院」は、「青蓮院」「妙法院」と共に、〈三門跡寺院〉と呼ばれているそうです。

ところで、なぜ「三千院」という名が付いたのでしょう。ほかのお寺ではあまり見かけない、三千という数字が気になりますね。

これは天台宗の根本教理である〈一念三千〉から名付けられたそうです。

一念の心に三千の諸法を具えることを観ずることで、中国天台宗の開祖である智顗という偉いお坊さんが創案した、と言われても、仏教に疎い凡人にはなかなか理解できませんが、なんとなく分かるような気もします。

高い石垣に囲まれた〈御殿門〉へ通じる石段を上ると、「三千院」に来たことを実感します。門をくぐったら左手にある受付へ行きましょう。

靴を脱ぎ、堂内に上がり込んで、まず目に入ってくるのが名園〈聚碧園〉です。

ここには自然の庭が元からあったようで、江戸期の茶人、金森宗和がそれに手を入れ、名園として作り上げたのだそうです。庭は、客殿に座って眺める、池泉観賞式庭園です。

縁側に腰かけて、何も考えずぼーっと庭を観てみましょう。

水の音が耳に届き、時折り鳥のさえずりがそれに重なります。こういうお庭を眺めていると、普段とは時間の流れが違うことに気付きます。悠久の時。ふとそんな言葉が浮かんでくるほど、古から変わらぬだろう光景に心が癒やされます。

お堂からの庭の眺めを満喫したら〈宸殿〉を経て、もうひとつの庭ともいえる〈有清園〉へ行ってみましょう。

こちらは池泉回遊式庭園といって、歩いて愉しむ庭になっています。

森のなかのような庭には杉やヒノキ、桧葉などの高い木々が立ち並び、その根元には緑の苔がびっしりと生えています。

一説によると、古く苔は木毛と書いたともいうように、木の根元に近い木肌をびっしりと覆う緑は毛のようにもみえます。木の毛が苔と呼ばれるようになった。なるほどなぁと納得します。

そんな苔と木でできた庭に建つのが〈往生極楽院〉です。

ここが「三千院」の原点と言っていいでしょう。

このお堂は、平安時代に恵心僧都源信が父母のために建立したと伝わるもの。庭からもその姿を拝することができる、大きな金色の阿弥陀三尊像がひときわ目を引きます。

脇侍はやや前かがみの姿勢で、来迎の姿を表しているそうです。うまく光背が納まるように造られた舟底天井や、周りの三方の壁には、菩薩さまや飛天などが描かれていて、いかにも極楽といった光景が見えます。

〈往生極楽院〉の周りの苔をよく見てみましょう。苔に埋もれるように佇むお地蔵さまが見えると思います。この〈わらべ地蔵〉は、その愛らしい姿で最近人気を呼んでいます。

歴史こそないものの、ホッと心を和ませてくれます。苔のなかにすっかり溶け込んでいるので、つい見過ごしてしまいそうになるのですが、その愛らしい姿を見つけるとついシャッターを切ってしまいますね。

ここから山手に上っていくと、初夏にはみごとな花を見せてくれる〈あじさい苑〉があります。雨上がりにはひときわ鮮やかな花が迎えてくれます。

その〈あじさい苑〉をさらに奥へ進むと、律川のほとりに据えられた石仏が見えてきます。

これは〈売炭翁石仏〉と呼ばれていて、鎌倉時代中期の作とも言われ、欣求浄土を願う念仏行者たちの手によって刻まれたものと伝わっています。

小野山の中腹にあたる、この界隈ではかつて炭焼きが盛んに行われ、その名残として石仏が残されたとのことです。

――炭竈の　たなびく煙ひとすじに　心細さは大原の里――

寂然法師がそう詠んだ当時の光景が浮かんできます。

大原はかつて、貴人や仏教修行者の隠棲の地としてよく知られていました。〈伊勢物語〉にも登場する、文徳天皇の第一皇子である惟喬親王は、ここ大原に隠棲したそうです。本来であれば皇位を継承しなければいけないのだが、そういう立場を嫌ったのでしょうね。隠棲という形で身を引き、出家する。そのほうが自由ですから。

皇位継承は、しばしば権力争いに巻き込まれ、天皇家に生まれたがゆえの苦悩も多いに違いありません。門跡寺院はその意味で、高貴なひとたちにとって、ある種の駆け込み寺としての存在だったような気がします。お寺に逃げ込めば争いごとから離れられる。そう思ったひとは少なくないでしょうね。

声明なくして三千院は語れない

最澄が開基し、薬師如来を本尊とする「三千院」は山号を〈魚山〉といいます。

〈魚山〉とは、中国山東省東阿県の西にある山の名だそうで、中国に古くから伝わる、古代声明の中心地として名高いと聞きます。

―けわしくて大魚の姿あり―

とされることからこの名が付いたそうです。

そしてこの〈魚山〉は、日本の声明家にとっても声明道の聖地として知られるようになり、天台宗ではこの大原の地を、日本における〈魚山〉としたのです。

声明とは讃美歌のようなものだといえば、仏教徒の方からお叱りを受けるかもしれませんが、ぼくにはそう聞こえます。

仏教寺院において、儀礼に用いられる、仏典に節をつけた仏教音楽のひとつを声明というのだそうで、ときにお経のようにも聞こえますが、音楽としての位置づけが濃いものを声明と呼ぶようです。教会で聴くグレゴリオ聖歌にも似ていて、コンサートホールなどで声明を聴くと、新鮮な感覚にとらわれます。

どうやらその声明の聖地としての存在が、「三千院」を際立たせているようです。

声明の根本道場が開かれ、後に良忍上人が声明の集大成を果たした地、それがこの「三千院」。つまり声明なくして「三千院」は語れないといっても過言ではないでしょう。

良忍上人といえば、融通念仏を広めた僧として知られ、すなわち念仏と声明の両方を組み合わせることで、極楽往生を願う人々の祈りを集めたのが、ここ「三千院」だったのです。

声明と「三千院」の結び付きをよく表しているのが、寺を挟んで流れるふたつの小さな川です。

ふたつの小さな川はそれぞれ、呂川と律川と名付けられ、りょせん、りつせん、と読みます。

これは声明の呂旋法と、律旋法に倣ったもので、呂旋法は長音階、すなわち西洋音楽でいうメジャーで、律旋法は短音階、つまりはマイナーということになります。洋の東西は違っても音楽の底流には似たような流れがあるのですね。

ちなみに、「呂律が回らない」という言葉は、この呂旋法と律旋法を語源としています。声明を唱誦するとき、うまく呂と律の使い分けができないことを、「呂律が回らない」というのですが、酔っ払って言葉があやふやなときなどによく使いますね。

普段何気なく使っている言葉の語源が、このふたつの小さな流れにあると知れば、感慨もひとしおです。

その声明に深い関わりを持つ名所が「三千院」のすぐ近くにあるので、少し足を延ばしてみましょう。

いったんお寺の外に出て、来た道を戻ります。境内へと至る石段の右手前に、山へと続く細道があるのでここを登っていきます。

目指すのは律川の上流にある〈音無の滝〉です。

山道を上っていくと少しずつ山が深くなっていき、流れもだんだん細くなります。小さな流れを渡り、小高い山肌に沿って歩くと、水音が大きくなり、やがて滝が姿を現します。思っていたより立派な滝です。

日によってその水量は異なるようですが、京都の郊外の、しかも観光名所の近くにある滝としては、かなりの迫力です。

木々の隙間から、岩肌を流れ落ちてくる滝。滝壺のすぐそばまで行けば、マイナスイオンをたっぷり浴びることができます。

これほど流量の多い滝なのに、なぜ音無と名付けられたか。ちょっと不思議に思います。この滝の名に関わってくるのが、先に書いた声明です。

良忍上人は、周囲に迷惑を掛けないようにと、この滝の前で声明の習礼を行っていました。滝が流れ落ちる音に負けないようにと声高らかに日々声明を続けると、やがて弟子たちもそれに倣って、滝の周囲に集まって、声明を唱えるようになりました。

そんなある日のこと、良忍上人が熱心に声明を唱えていると、不思議なことが起こったのです。滝の音と声明がぴたりと重なり、滝の音がまったく聞こえなくなったのだそうです。驚いた弟子たちは互いに顔を見合わせ、良忍上人の奇跡に感嘆したと伝わっています。

それ以来、この滝は〈音無の滝〉と呼ばれるようになったと言われ、大原の名所に数えられるようになりました。京都ではめったに見ることのない、勇壮な滝。わざわざ足を運ぶ価値は充分にあります。

建礼門院徳子の平家物語「寂光院」

「三千院」からはゆるやかな下り、ゆるやかな上り、下ったり上ったりして歩みを進めます。距離にして一キロ半ほどでしょうか。三十分ほどで「寂光院」へとたどりつけます。

推古二年といいますから、今をさかのぼること千四百年あまりのむかしに、かの聖徳太子が父の菩提を弔うために創建したという「寂光院」は、長い歴史を持つ由緒正しいお寺です。

「寂光院」のことは『おひとりからのひみつの京都（ＳＢ新書）』でも簡単にご紹介しましたが、本書ではもう少し深く掘り下げて詳しくお話ししたいと思います。

なぜ京都が国内外を問わず、観光地として不動の人気を誇っているかといえば、京の地にはかならずと言っていいほど物語があるからです。その物語を深く知れば知るほど京都の奥深さが見えてきます。物語なくして京都は魅力ある存在ならず。そう断じておきます。

「三千院」を象徴するものが良忍上人を主役とする声明なら、「寂光院」は建礼門院徳子をヒロインとする平家物語でしょう。

おなじ大原の地にありながら、ふたつの寺院は対照的な存在です。そのことを意識しながら参拝されると、よりいっそう深い興趣が湧くことと思います。

「三千院」が金色なら「寂光院」は鈍色。

「三千院」が剛なら「寂光院」は柔。

「三千院」が陽なら「寂光院」は陰。

先刻ご承知かと思いますが、平家物語の〈大原御幸〉は「寂光院」が主な舞台です。この物語と重ね合わせ、その当時にタイムスリップした気分で「寂光院」を歩かれると、大原という土地、そこに住まう里人たちの思いがくっきりと浮かんでくるでしょう。気分は大河ドラマ。ヒロインを誰にするかを考えるのも愉しいですね。

平清盛の娘である建礼門院徳子がヒロインです。高倉天皇の中宮であり、安徳天皇の生母でもあり、大原の地で余生を過ごした徳子なくして、「寂光院」は語れないと言えるほど際立った存在です。

何不自由なく育った徳子が悲劇のヒロインとなった端緒は、壇ノ浦の戦いですね。驕れる者は久しからずや。その言葉のとおり、高倉天皇、平清盛が相次いで没した後、木曽義仲の攻撃によって都を追われた徳子は、長州壇ノ浦において、安徳天皇と共に源氏の攻めに遭います。

壇ノ浦の沖合でもはやこれまでと悟った安徳天皇は入水し、徳子もそれに続くのですが、皮肉なことに、源氏の手によって、その身を救われてしまいます。

一説によれば、母時子が、

—生き延びて平家一門の菩提を弔うように—

と命じたとも言われていますが、定かではありません。

いずれにしても、自死もできず生き恥をさらすことになった徳子にとって、京都へ戻ってからの暮らしは、針のむしろという言葉がふさわしいものだったと言われています。

京都入りした直後は吉田山の森深くに隠棲し、洛東「長楽寺」で出家した徳子でしたが、夏に起こった大震災を切っ掛けとして、秋口には大原へ移り住むこととなります。

—山里は物のさびしき事こそあれ　世の憂きよりは住みよかりけり—

古今集の歌に自らの身を重ね、覚悟を決めた徳子は「寂光院」に入りました。

そのときの様子を、徳子に仕えてきた建礼門院右京大夫は、哀しげにこう書き残しています。

—御庵のさま　御住まひ　ことがら　すべて目もあてられず—

雅な都と違って、庵も住まいも、まともには見られないほど、みすぼらしいもの、だったのです。

かつて都にいるときは、華やかな文様の着物を着重ねて、仕えていた女房たちも数十人いたのに、この大原では地味で質素な、衰え果てた尼の姿になり、三、四人が仕えるのみ。「寂光院」の境内を歩くとそのときの侘しさが目に浮かんできます。

平家物語の終刊で綴られる〈大原御幸〉には、その後の徳子の様子がつぶさに描かれ、胸がしめつけられるようです。

能の演目にもなった〈大原御幸〉は、徳子の舅にあたる後白河法皇が大原を訪ねるストーリーです。賀茂の祭りが終わったころ、と書かれていますから、季節は初夏というか梅雨ごろのようです。

今の時代なら簡単に行けますが、当時は洛中から大原までの道のりは遠く険しいものでした。

後白河法皇は、夜を徹して大原の奥へと御幸します。お忍びの御幸とはいえ、徳大寺実定をはじめ、北面の武士たちもお供したようです。

鞍馬路をたどった後白河法皇は、その道中の荒れように心を痛め始めます。道案内できる者もおらず、ひとの歩いた跡も途絶えた道なき道を見るにつけ、哀れこの上ない思いだったことでしょう。

ようやく大原の西の山のふもとで、小さな侘びたお堂を見つけます。それが「寂光院」でした。よく見ると古びた庭があり、由緒ある場所に見えなくもありません。しかし屋根の甍は崩れ、庭の若草は伸びるままにまかせているようで、小さな池には浮草が波に漂い、錦の文様をさらしています。

こんなところで徳子は隠棲しているのか。後白河法皇は言葉を失いますが、なんとかして風情を見つけだそうとします。

池の中島に生える松には藤波が打ち寄せるように、紫色の花が咲き、青葉が交じった遅い桜も珍しく、岸の山吹は咲き乱れ、雲の隙間から鳴き声をあげるホトトギスが迎えてくれているようだ。

—池水に　汀の桜散りしきて　浪の花こそ盛りなりけれ—

そう詠んでから、後白河法皇は池を横目にして徳子の庵室へ上がり込みました。この歌が元になって、池は今〈汀の池〉と呼ばれています。

徳子はそのとき裏山へ花を摘みに出かけていて留守にしていました。それを聞いて、後白河法皇は、女院自らが花を摘みに行くとは、なんと痛ましいことだと嘆きます。

御所ではすべての雑事を女官が行うので、自ら花を摘みに出向くことなど考えられないのです。厳しい現実を目の当たりにした後白河法皇は強いショックを受けたでしょう。庵で待っているとやがてふたりの尼が山を降りてきました。徳子と、もうひとりは重衡の妻である藤原輔子でした。徳子は後白河法皇の姿を見て、驚きと同時に戸惑いを覚えます。

かつては嫁と舅という立場で、禁中では華やかな暮らしを共にしていた間柄ですから、落ちぶれて、質素な庵で暮らす姿を舅には見せたくなかったでしょう。

しばらくは上り込むことをためらっていましたが、阿波内侍に促され、なんとか向かい合って座ることができました。

ここから名高い徳子の〈六道語り〉が始まるのです。

徳子のあまりの変貌を哀れんだ後白河法皇は、

――人の世に転変があることを、今更驚くものでもないが、ここまで変わり果てた姿を見るにつけ、悲しみでやり切れない思いがする――

そう憐れんだのに対し、徳子は仏教の世界観である六道に、自らの人生をなぞらえて語り始めます。

平清盛の娘として生まれ、天皇の母となり、何もかもが思いのままの天上界。

筑前国大宰府で、緒方惟栄に追い払われ、立ち寄って休むところもなく、清経が入水したのは人間界。

浪の上で朝から晩まで暮らし、食事にも事欠く有様。目の前にたくさん水があっても海水ゆえ、飲むことも叶わぬは餓鬼道の苦しみ。

一ノ谷の戦いで一門が多く滅んだ後、親は子に先立たれ、妻は夫に別れ、沖の釣り船を見ては敵の船かと脅え、遠くの松の白鷺を見て源氏の白旗かと案ずる日々が続いた修羅の道。

壇ノ浦の戦いですべてをなくしてしまった地獄の道。

源氏の武士に捕らえられ、都に戻る途中の明石浦で、先帝と一門が昔の内裏よりはるかに立派なところに、威儀を正して居並んでいる夢を見た。訊ねると、そこは竜宮城だという。ここから畜生道が始まった。

まさに六道を地でいったことを徳子は切々と語ります。

平家一門の末路をつぶさに聞き、後白河法皇は深く心を痛めます。とりわけ安徳天皇が入水した地獄道の話には胸を押しつぶされそうな思いで、聞き入っていたといいます。

かつては栄華を極めた徳子と法皇ですが、今は大きく立場が変わってしまいました。

侘びた庵で向かい合ううち、あっという間に時が過ぎ、御幸を終えた後白河法皇は後ろ髪を引かれながら、庵を後にします。それを見送る徳子は枯れ果てるまでに涙を流しました。やがて、残された徳子の胸に去来するものは何だったのでしょう。

そんな場面を思い浮かべながら、「寂光院」を拝観すると趣き深いひとときになるものと思います。

柴漬けと徳子

「寂光院」と徳子といえば、忘れてならない大原名物があります。それが京都三大漬物のひとつ柴漬けです。

〈大原御幸〉の後、夏の盛りになっても、徳子の胸はふさいだままです。哀しみを引きずったまま暮らしている姿を見るにつけ、大原の里人たちもまた、胸を痛め続けていました。

大原の里には、洛中にはない良さがある。徳子にそう思ってほしいと願い、なんとかして、徳子に元気になってもらいたい。そう思った里人たちは一計を案じます。

大原の名産ともいえる赤紫蘇の葉を塩漬けにして、徳子に献上したのです。

洛北大原といえども、夏場の暑さに変わりはありません。食欲は失せ、身体も弱っていくいっぽうの徳子でしたが、赤紫蘇の葉の塩漬けは、その爽やかな香りと、ほのかな塩気で、久しぶりに箸を進めることができたのです。なにより、その鮮やかな紫色が食欲をそそります。と、徳子は箸をとめて、赤紫蘇の葉にじっと見入っています。

傍らに侍っていた、阿波内侍が口を開きます。

―お気づきになりましたか―

徳子は黙ってうなずき、その目にはうっすらと涙が滲んでいました。

赤紫蘇の葉を塩漬けにしたそれは、御所を思わせる紫色。きっと里人たちは、徳子にかつての誇りを取り戻させようという思いで、これを献上したに違いありません。

里人たちの心遣いにいたく感動した徳子は、これを〈紫葉漬け〉と命名し、大原の名産とするよう、里人たちに伝えました。

それが今の柴漬けの原型となったことは言うまでもありません。

京都でしばしば耳にする言葉、おもてなしの心。その原点は、雅な京都の真ん中ではなく、洛北の山深い里、大原にあったのです。

そしてそれは心優しい里人たちだけではなく、徳子の世話をする侍女たちも同じでした。

建礼門院右京大夫、阿波内侍、大納言佐局、治部卿局、小侍従局。

徳子と苦楽を共にし、と言ってもほとんどの時間は苦でしかなかったでしょうが、大原の地に居を定め、徳子を見守り続けた五人の墓は「寂光院」の境内から外れ、小高い山の上にあります。「寂光院」を訪れても、この墓にまで足を延ばすひとが少ないのはとても残念なことです。

苔むした狭い石段はかなりの急坂ですが、石段の両側には杉木立が連なり、昼間でも陽が届かないせいか、薄暗く、ひんやりとします。

やがて数十段の石段を上りきると、五人の墓がひっそりと並んでいます。

彼女ら五人は今も徳子を守り続けるかのように、その墓は、境内に立つ徳子の庵室跡の碑と山道を隔てて向かい合っています。

いっぽうで建礼門院の墓所は「寂光院」の本堂の右手裏山にあります。

〈建礼門院大原西陵〉は当然のことながら宮内庁の管轄になっていて、御陵の入口に掛かる札には、〈高倉天皇皇后徳子　大原西陵〉とあります。石段を上っていくと、まっすぐに山に向かって参道が延び、やがて瑞垣に囲まれた御陵が見えてきます。

他の御陵には見られない五輪塔が、出家した徳子の墓所らしい空気を醸しだしています。

「寂光院」をあいだに挟んで、侍女たちの墓と向かい合うようにして建つ徳子の御陵は、まさに〈平家物語〉が今に残る地なのです。

さてその「寂光院」は、のちの時代になって荒廃することになるのですが、豊臣秀吉の側室である淀殿の命を受けた片桐且元が再興を果たします。しかし平成の世になって火災に遭い、またしても受難の道を歩むことになりました。

両側を楓が美しく彩る石段の参道を、まっすぐに上るとやがて〈本堂〉が姿を現します。平成十七年に新たに造られた〈本堂〉は、以前のお堂とおなじく、桃山建築様式を踏襲していて、真新しい〈本堂〉の前には秀吉が寄進したという、雪見燈籠が据えられています。

地蔵菩薩を堂内の中央に安置し、その両脇に建礼門院と阿波内侍像を祀っています。

瀟洒な〈本堂〉を囲むようにして、趣きのある庭園が広がります。東側には〈四方正面の池〉。西側には〈大原御幸の舞台〉ともなった〈汀の池〉。どちらも、「三千院」とは対照的に、どことはなしに寂しげに映ります。

〈鳳智松殿〉と名付けられた宝物殿には、安徳天皇像や平家琵琶、平家物語写本、大原御幸絵巻などが展示されていて、「寂光院」がたどってきた歴史を間近にできます。

ランチや小休止にお奨めな「ＫＵＬＭ」

観光地にうまいものなし。よくそう言われますね。たしかに観光地は放っておいてもお客さんが来てくれますし、観光のついでだからと期待値も低いせいか、飛び抜けておいしいお店は観光地には少ないように思います。

大原界隈もその例に洩れず、といっては失礼かもしれませんが、長いあいだおいしいもの不毛の地だとされてきました。そんななかで近年は真っ当な食事を愉しめる店も何軒かできてきて、これならお奨めできるというところが増えてきました。

「三千院」と「寂光院」のちょうど中ほど、高野川沿いの細道にある「ＫＵＬＭ」はそんな一軒です。

日本の原風景ともいえる大原の里を見渡しながら、カレーやパスタ、ピザなどを味わえるカフェはどなたにもお奨めできます。

たっぷりと日差しが入る伸びやかな空間と、広々とした畑の眺めが心をおだやかにしてくれます。

自家製のジュースやスパイスティー、クラフトビールや京都産のジンなど、ドリンク類も充実していますから、ランチだけでなく、ちょっと小休止というときにもぴったりです。

大原行きが決まったらまず予約したい「野むら山荘」

「野むら山荘」。ここは、ついでと言わず、わざわざにでも訪ねたいお店です。「寂光院」からは距離にして二キロ弱ですから、散歩感覚で歩くのも愉しいものです。大原の里は画家が好んでその風景を描くように、日本の原風景を今に残す希少な土地です。ぜひ歩いて巡ってみてください。

お店というよりお屋敷というほうがふさわしい「野むら山荘」は、広大な敷地によく手入れの行き届いた庭園と、豪壮な建築がひときわ目を引きます。初めて訪れたなら気おくれするかもしれません。

大きな暖簾をくぐってなかに入ると、旅館のような広々とした玄関の設えに圧倒されます。二日前までの予約が必須ですから、かならず予約をしてからお出かけください。

広間、小部屋、テラス席とバリエーション豊かな席で、野趣あふれるコース料理を味わえます。大原といえばおいしい野菜の産地として知られていますし、恵まれた自然環境で育った川魚や鶏肉なども名高いので、料理のおいしさは折り紙付きです。

初夏から秋口まではまるで庭のなかで食べるようなテラス席、雪が舞うような寒い季節は囲炉裏のある席が、特にお奨めです。どちらも人気がありますから、早めに予約して確保しておくといいでしょう。

冬場にはジビエも登場し、いくつものコースから好みの料理を選び、主人自ら打つという手打ちそばで〆るのがこの店流です。

そしてこのお店では定期的に落語会やミニコンサートが開かれていますので、タイミングが合えば食事プラスエンターテインメントが愉しめます。

大原行きが決まったら、まずは「野むら山荘」の予約をすることをお奨めしておきます。

柴漬けと京野菜を買うなら「里の駅大原」

道の駅はよく見かけますが、里の駅というのはおそらくここだけだろうと思います。行ってみるとたしかに、道ではなく里、だなぁと納得します。

大原の里で生まれ育った野菜の直販所がメインの施設ですが、野菜だけではなくお花や惣菜、食品も売っているので、大原土産を買うのに格好です。

さらには食事処も併設されていますから、大原への行き帰りに軽い食事を愉しむことができます。地場産の野菜や鶏、卵を使った料理は特にお奨めです。雅な都とはまた違う趣きで、素朴な京都の一面を垣間見るのもこの「里の駅大原」を訪ねる愉しみのひとつです。

先にも書きましたが、大原は柴漬け発祥の地です。手作りの柴漬けはやや酸味が勝っていて、市内の漬物屋さんのものとはひと味違います。大原土産に強くお奨めします。また近隣の方や車で来られた方なら、野菜をお土産にするのも一興です。ほんものの京野菜が手頃な価格で売られているのもうれしいお店です。

そもそもこの「里の駅大原」が生まれる切っ掛けのひとつとなったのは、毎週日曜日にすぐ近くの国道沿いで開かれている朝市で、売られている地場野菜が新鮮そのものだと大きな評判となり、人気を呼んだことにあります。

以前はぼくも毎週のように足を運び、野菜や花を求めていたのですが、日曜日の朝京都にいることが少なくなってしまい、長くご無沙汰しています。

きっとぼくとおなじような方が多くいらしたのでしょう。日曜日だけでなく、いつも大原産のおいしい野菜を買えるところが欲しい。そんな声がもととなって「里の駅大原」が誕生したと聞いています。

ここの原点ともいえる〈大原ふれあい朝市〉は以前とおなじ場所で、おなじ時間に開催されていて、プロの料理人たちも足しげく通っています。

ぼくがよく行っていたころは、この朝市は料理人どうしが顔を合わせ、コーヒーを飲みながら料理談義にふけるのが恒例となっていました。

目の肥えた料理人の眼鏡にかなうほど、クオリティの高い野菜がたくさん並んでいる。評判が評判を呼び、やがて常設市としての役割を果たす「里の駅大原」ができたというわけです。

京野菜といえば、かつては京の台所とも称された錦市場を思い浮かべる方も少なくないかと思いますが、今の錦市場は玉石混淆。京料理店などプロ向けのお店と、観光客向けの立ち食いマーケットのような店が混ざり合っていますので、過度の期待は抱かれないほうがいいでしょう。

それよりも、ときには農家の方が自ら売り子となって、手塩にかけて育てた野菜を商う大原で買い求められるのが賢明かと思います。

上賀茂神社と延暦寺

ふたつの京の鬼門除け

京都ほど鬼門を重んじるところはほかにないと思います。

鬼門。文字どおり鬼がやってくる門です。

平成の末期から令和の始めころに掛けて、一世を風靡したコミック〈鬼滅の刃〉は、鬼と化した妹を人間に戻そうとする少年が主人公ですね。鬼というのは人間に危害を加える想像上の魔物で、太古のむかしから令和の今日に至るまで、ずっとその存在を畏れられてきたのです。

鬼といえば、牛のような角を生やし、虎の毛皮のパンツを穿いている姿を思い浮かべられるかと思います。

あのいでたちは鬼門と密接なつながりを持っていることは存外知られていません。

鬼が出入りすることから忌み嫌われている鬼門は、北東の方角を指していて、陰陽道では丑寅の方角と言われています。つまり丑の角、寅の下穿き、を鬼のシンボルとしているわけです。

さて京の都の鬼門。御所の北東といえば比叡山となりますが、ほぼ真北に位置する「上賀茂神社」も京の鬼門除けとして、古くから崇敬されてきたと言います。

正確にいえば比叡山は滋賀県になりますが、その頂にある「延暦寺」は京都の世界遺産として数えられますから、「上賀茂神社」と合わせて、京の鬼門を守護してきたふたつの社寺が両方とも世界遺産に登録されているのは、なんとも興味深いですね。もちろんユネスコは鬼門を意識して指定したわけではないのでしょうが。

鬼といってももちろん架空の存在ですから、あくまでそれは象徴に過ぎません。ざっくりいえば、身に降りかかってくるもろもろの災いを、鬼というシンボルに集約させたわけで、つまりはあらゆる災いを避けるために、鬼門という形を作ることで気を引き締め、あるいは、鬼門除けがあるのだから、という安心材料としての役割を果たしているのだろうと思います。

鬼門という言葉は京都以外の地では、さほど一般的ではないでしょうし、常日頃からそれを意識する方はほとんどおられないでしょう。でも、京都のひとたちの頭のなかには、鬼門という二文字が常に存在しているのです。

それはきっと都の宿命ともいえるもので、常に諍いの場であり、ひとが多く住まうことで頻繁に火難に遭ってきたからです。つまり身近に鬼がいたわけです。

「上賀茂神社」や「延暦寺」だけでなく、「赤山禅院」や「幸神社」なども都全体の鬼門封じとしての役割を果たしているのですが、それだけでは安心しきれない都人は、それぞれの家でも鬼門除けを設えます。

先にも書きましたが、丑寅の方角、すなわち北東の角に鬼門除けを設けている家は少なくありません。

鬼は清浄を嫌いますから、清めの白石や白砂を北東の角に置きます。そしてその尖った葉が鬼の目を刺すといわれる柊の木を植え、難を転じるという意味で南天の木も植えます。新しい家でも見かけるほどですから、古くからの京町家ならほとんどがこの鬼門除けを施しています。

そして京の子どもたちは早くからこのことを教わります。それはただ、鬼門という概念を学ぶためだけでなく、道に迷ったときの道しるべともなるからです。

京都の街なかは碁盤の目になっていて、南北と東西の通りが規則正しく交わっています。

なので北東の角が分かれば、それを目印にして街歩きができるのです。加えて、京には〈丸竹夷〉と呼ばれるわらべ歌がありますから、それと照らし合わせれば道に迷うことを防げるという仕掛けです。

これは観光客の方にとっても、街歩きを容易にしてくれるので、ぜひ覚えておいてください。

世界遺産の上賀茂神社を愉しむ手掛かり

前置きが長くなりました。「上賀茂神社」へお参りしましょう。

ＪＲ京都駅から京都市バス九系統に乗れば四十分ほどで最寄りのバス停、〈上賀茂御薗橋〉に着きます。バスを降りて東のほうを見れば、朱塗りの大鳥居が目に入りますので迷うことはありません。三分も歩けば鳥居をくぐり「上賀茂神社」へとたどれます。

御薗橋を渡って参拝される場合は、最初に御薗橋の東岸に建つ大鳥居をくぐることになりますが、この鳥居は令和になってからのもので、正式な〈一ノ鳥居〉は境内の入口に建っています。

〈葵祭〉のとき、祭列のヒロインである斎王代は、乗ってきた腰輿からこの〈一ノ鳥居〉

で降り、ここからは歩いて参進します。

鳥居をくぐるときはまず一礼して、鳥居の左端を通りたいものです。神域に入り、崇敬の念を持って境内を歩くと、背筋が伸びて気持ちが晴れやかになります。

両側に芝生が広がる伸びやかな参道は白砂が目にまぶしい、清らかな道です。正面には〈二ノ鳥居〉が見えますが、少し斜めになっていることにご注目ください。

神社やお寺の境内を歩くとよくこうしたことが目に付きます。なぜ正面に向かって参道が延びていないのか。

これは、参拝を終えたあとの帰路、鳥居や本殿、本堂などにお尻を向け続ける無礼を避けるためと言われています。あるいは神さまや仏さまを正面から見据えないよう、と配慮されているとも言われ、いずれにせよ、神さま仏さまに失礼がないように斜めに配置されているのです。

そんなことに気を配りながら、右手に〈馬場殿〉、左手に〈神馬舎〉を見て〈二ノ鳥居〉をくぐります。

斜め正面、〈細殿〉を背にした〈立砂〉が目に入ってきます。これは「上賀茂神社」のシンボルと言ってもいいでしょう。

〈細殿〉の前に盛られた、円錐形のふたつの砂の山。これは祭神が降臨した神山を象ったものと言われ、祭神の依代となっています。

通称は「上賀茂神社」ですが、正式には「賀茂別雷神社」と呼ばれ、本殿の北北西にある神山に祭神が降臨されたと伝わっています。その神山は境内の西側道路からのぞむことができますが、本殿からは拝することができないので、その代わりと言ってはなんですが、象徴として〈立砂〉が設えられているのです。

むかしのひとたちは、神山に登って祭祀を行ってきたようですが、やがて里に迎えて行うようになり、その際に山から松の木を引いてきて、神を迎えたと言います。しかしそんなことを続ければ松の木がなくなってしまいますよね。重くて大変だということもあってか、それがいつしか松葉に代わり、目印として砂を盛るようになったというわけです。

家を建てるときに砂でお祓いすることや、不浄な場所を砂で清めること、お店の玄関先で見かける盛り塩もこの変形だと考えられています。つまり清めの砂はここが発祥だということです。

さてその円錐形に盛られた〈立砂〉のいただきをよく見てみましょう。

一見するとどちらも同じように見えますが、つぶさに見ると、向かって左のそれは三葉の松葉、右は二葉の松葉になっているのがお分かりになるかと思います。

三葉と二葉を用いるのは、奇数と偶数が合わさることで神が現れるよう望む、という陰陽道の考え方に基づいたものと伝わっています。

うっかりすると、いただきに松葉が挿してあることすら見逃しがちですが、謂れを知ると実に奥深いものだなと感心します。

そしてこれを起源として、正月の松飾り、門松が始まったとされるのですから感慨深いものがありますね。

ちなみに京都の旧家をはじめとする昔からの家では、派手な門松ではなく、雌雄の根引の松だけを玄関に飾るのですが、これは先の伝承に由来するもので、神山から引き抜いて来た松を象徴していると伝わっています。

我が家でも祖父のころから玄関の松飾りはこの根引の松です。向かって右側に雄松、左側に雌松を飾りますが、ときに区別しにくいときもあります。松葉の先がツンツンと尖っていて痛く感じるのが雄松で、しなやかなほうが雌松と分かっていても、つい迷ってしまうのです。

まだ、「上賀茂神社」のほんの入口だというのに、こんな逸話を間近にできるあたりが、世界遺産たるゆえんなのでしょう。

先に進みます。

ここから先の境内を歩くと、いくつもの小さな橋が架かっていることに気付きます。これは「上賀茂神社」の〈本宮〉が、御手洗川と御物忌川という、ふたつの小川の三角州に建てられているからです。

ふたつの流れは〈棹橋〉と〈禰宜橋〉のあいだで合流し、岩本社の先でまたふたつの流れになります。そして御手洗川はそこから、ならの小川と名前を変えて、やがて神社の境内を抜けると、明神川と再度名前を変え、社家町のなかを流れていきます。

初夏ともなるとこの川には蛍が飛び交い、幻想的な光景を見せてくれます。この時季にお越しになったら、ぜひとも蛍見物にお出かけください。

さて、いよいよ〈本宮〉へと向かいましょう。

〈細殿〉の奥から〈禰宜橋〉を渡り、朱塗りの〈玉橋〉から〈楼門〉へとたどります。〈橋本社〉の傍に架かる〈棹橋〉を渡る道筋もお奨めします。

一見すると、ふたつの矩形の石が渡されているように見えるのですが、実はこれは楠の木の化石なのだそうです。木の化石を橋にして、その上を渡るなんて考えたこともありませんでした。足元をよく観察しながら橋を渡ってみましょう。

楠の木は長寿の象徴ともされ、この橋を渡ると長生きできると伝わっていて、それゆえ〈長寿橋〉とも呼ばれているそうです。縁起がいいですね。長寿希望の方はぜひともこの橋を渡って〈本宮〉へと進んでください。

まずは朱塗りの堂々たる〈楼門〉が参拝者を迎えてくれます。

二層の楼閣建築は檜皮葺で重要文化財に指定されています。この〈楼門〉から奥はさらなるおごそかさに包まれます。

〈楼門〉をくぐり、石段を上がるとやがて〈中門〉へと行き着きます。通常はこの門からなかへ入ることはできないため、参拝希望の方は特別拝観を申し込んでください。

初穂料というかたちで料金を支払うことになりますが、通常時と特別公開時によっても金額が変わりますし、団体も別料金となります。

一般に拝観することができない、ここから先のご紹介は遠慮しておきましょう。その代わりに、あまり知られていませんが、ぜひ立ち寄っていただきたいスポットを二か所ご紹介しておきます。

ひとつは〈楼門〉の手前の道筋を右手にたどり、一番奥に鎮座している〈伊勢神宮遙拝所〉です。

一生に一度は伊勢参り。古よりそう言われるほどに人気があるお伊勢さんですが、そう簡単にお参りすることもできませんね。

「上賀茂神社」参拝のついで、などと言っては罰が当たりますが、せっかくなのでぜひお参りされることをお奨めします。

明るい境内や参道に比べて、この遙拝所の辺りはお参りするひとも少なく、背後に樹林が迫っているせいもあって、森閑とした雰囲気に包まれています。

遙拝所には祠などはなく、樹が一本植わっているのみですが、それが余計に神聖な空気を醸しだしているようです。

古く別格社だった伊勢神宮には一般人は参詣することが叶わず、その次の社格である「上賀茂神社」にお参りすることで、同等のご利益を授かることができるとされたのかもしれません。

もうひとつは白砂の参道の東奥にひっそりと佇む〈校倉〉です。

この校倉のなかには〈三手文庫〉と呼ばれる古文書や書籍類がたいせつに保管されているると聞いていたのですが、神官の方にお訊ねすると、どうやら今はなにも入っていないようです。なかはともかくとして、注目していただきたいのは外側、この建物なのです。鋭い稜角を前面に向ける三角形の木組みは、神々しいまでに美しく、猛々しいほどに力強い直線美を描きだしています。

この上部の木組みを父性とするならば、それを支える縁の下の支柱は、やわらかな丸みを帯びていて、母性にも通じるやさしさを見せています。

本殿をはじめ、「上賀茂神社」の建物はほとんどが流線的な、〈流れ造り〉であるのと対照的に、この校倉は直線で構成される美を湛えています。

「上賀茂神社」を参拝したときはかならずこの〈校倉〉に立ち寄り、そのあまりに完成された建築美にためいきをついています。

参道からは古びた倉庫にしか見えないような校倉ですが、少し足を延ばして尋常ならざる建築の美しさをぜひご覧ください。

この「上賀茂神社」については、近辺の見どころも含めて、拙著『おひとりからのしずかな京都（SB新書）』でも詳しくご紹介していますので、併せてお読みいただくと、より広くお愉しみいただけると思います。

サバの味噌煮が名物の「今井食堂」

「上賀茂神社」のすぐ西側、南北に延びる雲ケ畑街道沿いに、時分どきや休日に行列ができている店があります。

白い暖簾に「さば煮　食堂　今井」と黒く染めてあるように、この「今井食堂」の名物はサバの煮物が名物です。

銀のお皿に盛られた肉厚のサバは黒々としたタレが染み込んでいて、見ているだけでよだれが出てきそうです。行列のお目当てはこれで、ほとんどのお客さんはこのサバ煮定食を注文すると言います。

ぼくは「上賀茂神社」近くの加茂川中学校に通っていましたから、五十年以上前、遊び場が点在する雲ケ畑街道沿いのこの食堂の前をよく通っていました。

たしかそのころはおうどんがおいしいと評判の食堂だったと思うのですが、いつのころからかサバの味噌煮が名物になったようです。

雲ケ畑街道の先には京都産業大学、通称産大がありますから、きっとそこに通う学生さんたちが好んだことで評判が広がったのだろうと思います。

今ではうどんがメニューから消え、サバ煮定食と、チキンカツ定食、お奨め定食の三つになりました。営業時間もお昼間だけなので、タイミングを合わせるのがむずかしいかもしれませんが、京都のおばんざいを彷彿させるサバ煮はぜひ一度味わってほしいものです。

　さほど広い店ではありませんが、両側の壁にまっすぐカウンター席が並び、回転も速いので、ひとりでも気兼ねなく名物料理を安価で愉しめます。


ボリューム満点の洋食ランチ「キッチンぽっと」


「上賀茂神社」からは少し歩かねばなりませんが、洋食好きの京都人に長く愛されているお店もご紹介しておきましょう。

「上賀茂神社」の〈一ノ鳥居〉を出て、すぐ前を東西に延びているのが上賀茂本通です。これを左手、東に向かって歩くこと十分。公園の斜め向かいにあるのが「キッチンぽっと」。赤いファサードが目印です。

　テーブル席がメインですが、キッチンを囲むように設えられた、L字形のカウンターも数席あるので、おひとりでも気軽に食事を愉しめます。

　手作り洋食とコーヒー、と謳っているとおり、ていねいに作られた洋食をじっくり味わえるお店です。

ブックメニューを開くとなじみ深い洋食がずらりと並んでいます。洋食全般、どれも適価でおいしいのがうれしいですね。一番人気はやはりハンバーグでしょうか。多くのお客さんが舌鼓を打っておられるのが目に入ります。

常連らしきオジサンが店に入って来るなり、「親子丼！」と注文されたのには驚きました。メニューをよく見てみると、たしかにカツ丼、親子丼、海老フライ丼と丼ものも載っています。いつか食べてみようと思いながら、まだ果たせていません。

いつもぼくがオーダーするのは〈コンビ〉。ハンバーグや海老フライ、ヒレカツ、唐揚げなどから二品選べるセットメニューです。どれを選ぶか迷う時間も愉しいものです。冬場ならやはりカキフライでしょう。自家製のタルタルソースもやさしい味わい。「上賀茂神社」参拝の折の洋食ランチには最適です。

ひとつ気を付けていただきたいのは、セットもののご飯がボリューム満点だということです。若いひとならぺろりでしょうが、高齢者や女性の方なら、ご飯少なめをリクエストされたほうがいいかと思います。

食事を済ませてお勘定するときには、お値打ち価格なのでいつもにんまりしてしまいます。京都の普段着洋食をお愉しみください。

比叡山延暦寺を愉しむ手掛かり

京都で世界文化遺産に登録されているのは十七か所と言われていますが、当初この報道がなされたときは少しばかり違和感を覚えたものでした。なぜならそのなかのひとつ「延暦寺」は滋賀県にあるからです。

滋賀県大津市坂本本町四二二〇。「延暦寺」の住所はそう記されています。「延暦寺」の一部である〈瑠璃堂〉や〈西塔鐘楼〉の一部は京都市左京区にありますから、あながち間違いではないのですが、近江の方に申しわけないような気持ちになったものです。

それはさておき、先にも書きましたように、「延暦寺」は京の都の鬼門を護るというたいせつな役割を果たしてきたお寺です。洛中からは遠く離れた山のなかにありますが、一度は参拝しておきたいものです。

史跡にも指定されている境内は実に広大で、総面積は約千七百ヘクタールと言いますから、坪数に換算すると五百十万坪にもなります。とてもじゃありませんが、全域を歩いて回るのは不可能でしょう。

「延暦寺」というのは比叡山の山頂付近にある境内全域を指す呼称で、「延暦寺」という一棟の建造物があるわけではありません。境内域に点在する百近くの堂宇の総称です。

京都からのアクセスはふた通りあります。ひとつは三条京阪、出町柳を経由するＪＲ京都駅発の直通バス。一時間と少し掛かりますが、乗り換えなしは便利ですね。

もうひとつはケーブルカーとロープウェーを乗り継ぐ山岳ルート。山岳というほどではありませんが、洛北八瀬からまっすぐ比叡山を登っていくアクセスはなかなか愉しいものです。

さてその「延暦寺」。一棟の建造物ではないのですが、大きく三つのエリアに分かれています。北が〈横川〉、東が〈東塔〉、西が〈西塔〉となっています。

「延暦寺」は山の尾根や谷をうまく利用して堂宇が建てられています。〈横川〉には六つ、〈東塔〉と〈西塔〉にはそれぞれ五つの谷があり、これらを総称して三塔十六谷と呼んでいますが、谷があれば尾根もあるわけですから、アップダウンの連続となって、修行の場としては最適の地となったのでしょうね。

寺域を巡る前に、ざっと「延暦寺」の歴史をおさらいしておきましょう。

「延暦寺」の開創は延暦七年と言いますから、七八八年に伝教大師最澄が平安京の鬼門に当たるこの山に比叡山寺と合する一宇を建立し「一乗止観院」と名付けたことから始まりました。

唐の国へ留学していた最澄は帰国してから天台宗を伝え、奈良の六宗と並んで天台法華宗が公認されたのですが、僧侶になる条件として奈良東大寺での受戒がありました。ところが最澄は比叡山に一大勢力を築こうとしているとして、奈良仏教の反対にあい、願いが叶わぬまま没しました。

その後多くの僧侶たちが最澄の遺志を継ぎ、今日に至っているわけですが、「延暦寺」を作ったのは最澄だと言えるでしょう。

時を経て平安末期になりますと、僧侶たちは勢力を強め、武器を持ち始めます。僧兵が出現するわけです。これを比叡の山法師と呼び、朝廷は警戒を強めることになり、やがて対立するに至ります。

ときの権力者白河法皇は、鴨川の水、双六の賽とともに、比叡の山法師を挙げ、三不如意、つまり思いのままにならぬもの三つとして嘆いたと言います。それほどに「延暦寺」の僧侶たちは強い力を持つ集団となったということでしょう。

本来は鬼門守護として、都を守るべき立場だったのに、対立する存在となってしまったのはなんとも皮肉な話ですね。

そんな歴史的経過を頭に入れておいて比叡山を巡りましょう。

先にも書きましたが、広大な敷地にたくさんの堂宇が建ち並んでいますから、細かく紹介していると本書一冊まるまる使ってもまだ書ききれません。非公開のところも少なくありませんので、どうしても見ておきたいポイント、と言いますかお奨めしたいところだけに絞ってご紹介することにします。

まずはなんといっても「延暦寺」の象徴ともいえる〈根本中堂〉です。

〈根本中堂〉は東塔エリアの中心部に建っていて、国宝にも指定されています。いわば「延暦寺の総本堂」ですね。

七八八年。最澄が最初に作ったのは、中央に薬師堂、向かって右に文殊堂、左に経堂と、この三つが〈根本中堂〉とされています。

織田信長が比叡山を焼き討ちしたことは有名ですが、この時に惜しくも根本中堂は焼失してしまいます。

しかし、徳川三大将軍家光によって復興され、最澄が自刻したという本尊の薬師仏に向かって左に、密教修行のための薬師仏が新しく祀られ、中央の薬師堂に向かって右側の文殊堂が小さくなり、その代わりとなる毘沙門天を祀る堂が設けられたのです。

棟の高さはおよそ二十五メートルありますが一重の建物です。

建材は立派な総ケヤキで、太い柱だけでも七十六本もあると言われています。

その内部は内陣、中陣、下陣に分かれていますが、よく見ておきたいのは中陣。

まずは天井を見上げてください。剛天井という設えで、俗に大名天井とも言われ、各大名家から寄進された百花の図が、極彩色で鮮やかに描かれています。

桜や牡丹、梅や竹、蓮など、その数はおよそ二百二十枚と言われています。

しかし、天井だけに目を奪われていてはいけません。正面をまっすぐ見てみましょう。〈根本中堂〉のなかで最もよく知られている不滅の法灯が目に入ります。

内陣中央の須弥壇には、最澄が七八八年に一刀三礼して刻んだ薬師如来像が安置されています。

ただしこのご本尊は秘仏ですから、あいにくそのお姿を拝することはできません。須弥壇の前にお前立像が置かれていますので、これを拝んでおきましょう。

須弥壇の前に三つの灯籠が吊られていますが、これが不滅の法灯と呼ばれるものです。

最澄が薬師如来像を安置したとき、その前に燈明を灯し、

――あきらけく、のちの仏の御代までも、光伝えよ法のともし火――

と詠んで以来、一度も消えることなく、千二百年以上もの間、灯し続けられていると言います。

先にも書きましたが、比叡山は信長によって焼き討ちに遭いました。そのときどうしたかといえば、山形の「立石寺」にその分灯をおさめ、落ち着いたころを見計らって、そこから再び灯火を運んで灯し続けていると言うのですから、もはや執念と言ってもいいでしょう。

とにかく広くてたくさんの伽藍が建っていますから、「延暦寺」をどう拝観するかはかなりの難問です。時間を掛けてすべてを巡るのが理想ですが、短い京都旅だとそうはいきません。

とっておきのお奨めを一か所だけご紹介しましょう。

豊臣秀吉が崇拝した大黒堂の三面大黒天

〈根本中堂〉の東側の道を南に下がり、東西の通りに行き当たった左手、一隅を照らす会館の広場前に建っている〈大黒堂〉がそれです。

最澄が比叡山へ登ったとき、この場所で大黒天と出会ったところで、ここが日本の大黒天信仰の発祥の地と言われています。本尊の大黒天は〈三面出世大黒天〉と言われ、大黒天と毘沙門天、弁財天の三つが一体になった姿をしています。

最澄と出会った三面大黒天は仙人の姿をしていて、こう最澄に言ったそうです。

—わたしが毎日三千人分の食料を準備しましょう。そしてわたしを拝む者たちには福徳と寿命を与えます—

それを聞いた最澄はすぐさまそのお姿を彫り、安置したのがこの三面大黒天だと伝わっています。

時代は下り戦国時代のころ、豊臣秀吉はこの三面大黒天を崇拝し、出世を願うとやがて豊太閤となったことから、終生念持仏として崇めたそうです。

その流れを受けてか、「高台寺」の「圓徳院」にも〈三面出世大黒天〉が祀られ、人々の信仰を集めています。

正しくは三面六臂大黒天と言い、日本で最初の三面を持った尊天さまだそうです。

正面の大黒天は米俵の上に立って食生活を守り、右側の毘沙門天は勇気と力を与えてくれます。そして左側には美と才能を与えてくださる弁財天と完璧な布陣ですね。

この三体が一体となった三面大黒天は六本の腕に、苦難を除くさまざまな道具を持っています。なんとも頼もしい存在ではありませんか。

私事で恐縮ですが、本厄年のときに大病を患い、なかなか快復せず自暴自棄になっていたとき、偶然この三面大黒天に出会い、雷に打たれたような思いがして、それ以来この神さまを信仰しています。

信じる者は救われる、かどうかは分かりませんが、悩みをお持ちの方は一度参拝なさってみてはいかがでしょうか。


精進料理を手軽にいただける「延暦寺会館 望湖」


「延暦寺」は高くて深い山のなかにありますから、気の利いたレストランが何軒もあるというような期待は持てません。

選択肢は限られていますが、意外に洛中では味わえないものがあったりして、それはそれで趣きがあります。

どちらかといえば団体向けの大きな店ですが、手軽に精進料理が食べられることで、隠れた人気を呼んでいるのが「延暦寺会館」のなかの「望湖」という食事処です。

洛中でも精進料理を食べようと思えば、限られたお店しかなく、事前予約が必要だったり、お寺のなかにあったりと、少しばかりハードルが高いのですが、ここでは豆腐や湯葉を使った軽食から、手軽な精進御膳などが気軽に食べられます。

お奨めは土日限定ですが〈比叡かば焼き重〉という鰻重もどきの精進重です。

精進料理といえば、豆腐や山芋をすりおろして揚げたものにタレを付けて焼いた、かば焼きもどきがよく知られていますが、あれを使ったお重です。ほかではなかなか食べられない料理なので土日に「延暦寺」を参拝した際はぜひ一度味わってみてください。

平日なら〈豆腐あんかけ丼〉がいいでしょう。くみあげ豆腐に野菜餡をたっぷり載せた丼で、こちらも洛中にありそうでないメニューです。「延暦寺」参拝と精進料理。なかなか趣き深い取り合わせだと思います。

虫養いにうってつけの「鶴㐂そば　比叡山和労堂店」

もっと手軽に、空いた小腹を満たすための虫養いとしてなら、〈大黒堂〉の向かいにある「鶴㐂そば　比叡山和労堂店」がいいでしょう。

お店は立ち食いそば風の造りですが、テーブルと椅子が並んでいますので、ゆっくりと食べられます。

「鶴㐂そば」といえば近江坂本の老舗そば屋として知られていますが、ここはその簡易支店といったところです。

冷たいざるそばや、温かい天ぷらそばなど、限られたメニューのみですが、どれも千円以内で食べられるのがありがたいところです。

どちらかといえばいなか風のおそばは、僧侶たちが厳しい修行を重ねる「延暦寺」によく似あっているような気がします。

素朴な味わいのそば菓子、そばぼうろをお土産に持ち帰るのも一興です。

第二章　洛中の名所を歩く

金閣寺と銀閣寺

洛中はどこを指すか、はなかなかの難問です。歴史家や研究者によっても見解が異なりますし、時代によって変わるという意見もあります。巻頭でも書きましたが、そのあたりはゆるやかな区分けでご容赦いただければ幸いです。

京都の名所中の名所と言ってもいいでしょう「金閣寺」と「銀閣寺」は、前者は洛北とも洛西とも取れますし、後者は洛東とされることも少なくありません。そこをあえて洛中としたのは、このふたつのお寺を対比してご紹介したいからです。

正式名称はそれぞれ、「鹿苑寺」と「慈照寺」。このふたつのお寺にはいくつもの共通点があります。

ひとつに創建者がどちらも室町幕府の将軍だということ。「金閣寺」は三代将軍である足利義満、「銀閣寺」のほうは八代将軍の足利義政。どちらも足利家ですね。

ふたつに元はどちらも別荘だったということ。創建当初、「金閣寺」は〈北山殿〉、「銀閣寺」は〈東山殿〉と呼ばれていて、リタイア後の居所として創建したものが、寺となったものです。隠居場所がお寺になるというのは、将軍ならではのことでしょう。

三つに、どちらのお寺も勧請開山は夢窓疎石によるものだということ。臨済宗の禅僧ながら、作庭家であり、歌人でもあった多彩なひとですね。

四つにどちらの庭も池泉回遊式であるということ。池の周りを歩きながら鑑賞するお庭ということですね。

五つにどちらも臨済宗「相国寺」の境外塔頭だということ。ちょうどふたつのお寺の真ん中に位置する「相国寺」からはずいぶん離れていますが、塔頭という存在なのです。

そして六つ。言わずと知れた、どちらも独特の様式を備える楼閣があり、それを寺の象徴としていること。

これほど多くの共通点を持ちながら、実際に訪れてみると、境内に流れる空気は驚くほど違いますね。

両寺とも、「金閣」と「銀閣」という、あまりにもシンボリックな楼閣が有名となり、境内のその他に目を向けられていないのは、なんとももったいないことだと思っています。

楼閣以外の見どころを中心にご紹介していきましょう。

両者を比較することでその成り立ちがくっきりと浮かび上がりますから、もしも可能であれば、両方を続けて拝観されることをお奨めします。あとさきはどちらでもいいのですが、先に創建されたほうに敬意を払い、まずは西の「金閣寺」から参拝しましょう。

将軍が思いを込めた優美な楼閣、金閣寺

「金閣寺」へは京都市バスで行くのですが、ＪＲ京都駅から直通の二〇五号系統にするか、地下鉄烏丸線で北大路駅まで行き、そこから京都市バスに乗り換えるか悩ましいところです。時間的には後者が有利ですが、前者は乗り換えなしでたどり着けるのが魅力です。

いずれにせよ西大路通のバス停はお寺のすぐ近くにあって、大きな標識も出ていますから迷うことはありません。

信号のある鞍馬口通を西に歩けば自然と「金閣寺」の黒門から砂利道を経て、総門へと至ります。

総門をくぐって最初に目に入るのは左手の〈鐘楼〉です。

鎌倉時代に造られたという鐘は、西園寺家ゆかりのもので、黄鐘調の音色で知られていて、〈ラ〉の音が基準音となっているそうです。西園寺家の家紋である〈巴紋〉が下部に

配された、美しい装飾を施された鐘は荘厳な空気を湛えています。一度この鐘の音を聞いてみたいものです。

西園寺家と「金閣寺」がどうつながるのか。ざっとおさらいしておきましょう。

「金閣寺」の歴史は大きく三つに分けられ、ひとつ目は鎌倉時代までさかのぼります。

藤原公経がこの地に、〈北山第〉を造営したことから「金閣寺」の歴史が始まります。公経は〈北山堂〉を供養し、これを「西園寺」という寺としました。位置的には北山にあるが、御所から見れば西方、つまりは西の園の寺、という意を込めたのだと言われています。これより公経は〈西園寺〉を号するようになり、西園寺公経を名乗るようになります。

西園寺家はいっとき隆盛を誇るものの、北条氏と手を結び、謀反を謀ったとして処刑され、〈北山第〉は荒廃の一途をたどりました。

その〈北山第〉に目を付けたのが、室町幕府三代将軍足利義満です。

―荒れ果ててはいるが、御所からも程よい距離で、格好の広さと佇まいを持っている。よし、ここを別荘にしよう―

そう考えた義満は西園寺家から〈北山第〉を譲り受け、別荘兼会所として定め、〈北山殿〉と名付けました。これがセカンドステージです。

別荘とは言いながら、政の場としても活用し、義満の権力は高まる一方で、〈北山殿〉は隆盛を誇りましたが、義満が亡くなるとあっという間に衰退し、翌年には建物のほとんどが壊され、あるいは他の寺院へと移築され、〈護摩堂〉と〈舎利殿〉だけが残りました。義満は、〈北山殿〉を禅寺にせよ、と遺言を残していましたので、夢窓疎石を開山とした「鹿苑寺」としてサードステージを歩み出すことになります。ちなみに〈鹿苑〉は、義満の法名〈鹿苑院太上天皇〉に由来します。

これが今の「金閣寺」につながっていくのですが、もしも西園寺家が〈北山第〉に固執していたら、今の「金閣寺」は存在しなかったのではないでしょうか。

金閣寺を愉しむ手掛かり

〈鐘楼〉の向かい側には、ちょっと変わった形の石が置かれています。これは〈舟型石〉と呼ばれています。

小舟のような形状の石は〈一文字手水鉢〉とも称され、元は馬に水を飲ませる水槽だったそうです。

拝観受付を済ませたら、いよいよ寺のなかへ入ります。

最初に通るのが〈方丈〉。ここの庭園は残念ながら非公開ですが、北側の庭園に植わる〈陸舟の松〉は見ておきましょう。

洛北大原の「宝泉院」に植わる〈五葉の松〉。洛西「善峯寺」の〈遊龍の松〉。そしてこの〈陸舟の松〉を、〈京都三松〉と呼んでいるほどの銘木です。

西の方角に建つ〈金閣〉の楼閣を西方浄土に見立て、高く張った帆に風を受け、舟の舳先を西に向けるように刈り込まれた松は、そこに向けて漕ぎ出すさまを象徴していると言われています。

京都といえば〈金閣〉。あまりにも知られすぎていて、初めて対面するとは思えないほどでしょう。金色に輝く楼閣は美しいプロポーションで迎えてくれます。

仏舎利を安置する〈舎利殿〉ですが、この楼閣のことは多く語られているので詳細は省くことにします。三層構造の楼閣は、下から寝殿造、二層目は書院造、三層目は禅宗様、と異なった建築様式で建てられていることは、しっかりたしかめておきましょう。

〈金閣〉が浮かぶ〈鏡湖池〉もきれいですね。ここで目に留めておきたいのは名石。〈北山第〉を造営する際、諸国の大名から献上させた石が〈鏡湖池〉に配されているのです。

細川氏の細川石、畠山氏の畠山石、赤松氏の赤松石など、池に浮かぶ石は当時と同じ姿だそうです。

元は別荘でしたから、傾斜地に広がる境内は実に広々としています。金閣寺庭園の敷地は三万坪ほどもあると言いますから、隅々まで歩き回るだけでもひと苦労です。

たくさんの見どころがありますが、〈鏡湖池〉から、もうひとつの池沢〈安民沢〉へと至る途中の石段。この両脇に作られた垣根に注目してください。

石段をゆっくり上りながら、左右の垣根をよく見てみましょう。ふつうの垣根は両側を同じ編み方で統一しますよね。ところがここは左と右の垣根の編み方が違っているのです。この両側の垣根を合わせて〈金閣寺垣〉と呼んでいますが、左右の景色を変えることで、趣きを深くしていると言われています。垣根ひとつでも、さまざまな工夫が施されているのです。次に訪れる「銀閣寺」にも、〈銀閣寺垣〉と呼ばれる、独特のスタイルの垣根があります。

とにかく「金閣寺」は広い庭園を擁していますから、つぶさに見て回るといくら時間があっても足りません。初めて参拝されるときは、ざっと一巡して、特に気に入ったところや、気になるところがあれば、それはまた次回に、とするのが「金閣寺」の巡り方です。

湯豆腐をさらりといただける「わら」

京都を訪れたら湯豆腐を食べたい。そうおっしゃる方は少なくありませんが、お奨めのお店は？　と訊ねられるとはたと迷ってしまいます。

京都に住んでいるとお豆腐は家で食べるものと思っていますので、よそのお店で湯豆腐を食べる機会がめったにないからです。

南禅寺界隈や清水辺りに湯豆腐で有名なお店があるようですが、セットに組み込まれていて、それなりの価格になりますから、湯豆腐だけをさらっと食べたいという方にはお奨めできません。

「金閣寺」の黒門の前の通りを南に下り、蓮華谷道を越えて細道を東へ入ったところにある「わら」なら、単品で湯豆腐を食べることができます。

裏道の住宅街のなかにあるので、場所は少し分かりにくいのですが、いつも大勢のお客さんで賑わっています。場所をたしかめがてら予約をされたほうがいいでしょう。

シンプルな味付けなので、お豆腐のおいしさをダイレクトに感じることができます。

京都の本格洋食店「いただき」

「いただき」は黒門を出て右に歩くと、すぐ見つかるお店ですから、当然のごとく時分どきは混み合います。予約は受け付けてくれませんので、待ち時間を覚悟しなければいけないのが難点ですが、それを承知ならおいしい洋食にありつけます。

テーブル席だけでカウンター席がありませんから、おひとりで行かれるには少々ハードルが高いのですが、観光地価格ではなく、手頃な値段で真っ当な洋食が食べられますから、タイミングが合えばぜひ行ってみてください。

日替わりランチやヒレステーキランチなどメニューも豊富で、夜ならランチタイムほど混雑しませんから、ディナータイムもお奨めできます。

街なかだけでなく、観光地であってもちゃんとした洋食が食べられるのは、京都ならではのことでしょう。京都の洋食は奥深い。この店で食事をするといつもそう思います。

玉子に目がない京都人御用達のオムライス専門店「おむらはうす」

京都人の玉子好きは今に始まったことではなく、江戸のむかしから京都では卵を使った料理は人気があったと言います。

近年の玉子料理人気の始まりはだし巻き玉子だったかと思います。錦市場のなかにあるだし巻き玉子屋さんに行列ができるようになり、京料理には欠かせない一品という流れができました。

それに続いたのは親子丼です。祇園下河原や縄手新橋、西陣のお店に親子丼を求めて多くの観光客が詰めかけるようになり、京都に来たら親子丼を、という声が高まりました。

その次はタマゴサンドブームが起こり、京都＝玉子料理というイメージがかたまりました。

そんななか、都人には不動の人気を誇り続けている玉子料理がオムライス。老若男女問わず、京都のひとはオムライスには目がありません。とりわけオムライス専門店の「おむらはうす」は京都人御用達でありながら、観光客の方にも人気が浸透しています。

黒門を出て、前の通りを右へ、ひとつ目の信号を越えてすぐ右側にお店があります。

オムライス専門店ですから、そのバリエーションは驚くほど豊富です。チキンの入ったクラシックなオムライスから、京都らしく湯葉や豆腐を使ったオムライスまで、目移り必至のメニューが並びます。

お奨めはカレーオムライス。オムライスの上にお肉がごろりと入ったカレーソースが掛かり、芳ばしくも辛い味が食欲をそそります。「金閣寺」とカレーオムライス。意外に思われるかもしれませんが、ある意味では京都らしい取り合わせなのです。

京都人が愛してやまない牛肉洋食屋「ビフテキ スケロク」

玉子とおなじように、いや、それ以上に京都人が愛してやまないのは牛肉料理です。

文明開化と時をおなじくして、京都にはいち早く牛肉料理店ができ、あっという間に都人のあいだで評判が広まります。

当初はすき焼きを中心とした和風が主流でしたが、やがて西洋風のステーキが人気を呼ぶようになり、そのあとは韓国風の焼肉へと、京の牛肉料理は広がりを見せます。

いっぽうで京都では洋食も人気を呼んでいて、牛肉を使った洋食は一大人気となります。ビーフシチュー、ビフカツ、ハンバーグ、そしてビフテキ。

晴れの日の一番のご馳走はビフテキ。子どものころから長くそんな時代が続きました。

そんな京都の牛肉洋食を手軽に味わえるのが「ビフテキ スケロク」。「金閣寺」からは、西大路通を越えて十分ほど歩きますが、足を運ぶ価値は充分あります。

ていねいに作られたオーソドックスな洋食は、京料理に負けず劣らずの京名物です。

―うまいテキ、食いに行こか―

いいことがあったとき、元気を付けたいとき、都人はこんな声を掛けるのです。

義政が母を思い造った銀閣寺

アクセスは「金閣寺」とおなじく京都市バスです。ＪＲ京都駅から直通は五号系統で、銀閣寺道のバス停で降りて東へ歩けば五分ほどです。もしくは地下鉄烏丸線で今出川駅まで乗って、今出川通を走る系統のバスに乗り換えれば、少しは時間短縮できるかと思います。

正式名称は「東山慈照寺」。かつては「浄土寺」というお寺が建っていたところで、八代将軍義政がその「浄土寺」の跡地に建てた〈東山殿〉が起源となっています。「慈照寺」の名は、「鹿苑寺」とおなじく、義政の没後、義政の法号〈慈照院〉にちなんだものです。

「金閣寺」と「銀閣寺」の共通点をいくつかあげましたが、相違点がひとつあります。

義満が建立した「鹿苑寺」は、元々〈北山第〉がありましたが、義政が建てた「慈照寺」は更地に一から作り上げたもので、そこは大きな違いですね。

住まいにたとえれば、「金閣寺」は中古住宅で、「銀閣寺」のほうは更地を購入して新築したといったところです。

この違いは大きいですね。好きな絵を描ける更地はワクワクしますが、一から建てるとなると、さて、どんな別荘を造るかと迷ってしまいます。

しかし義政は迷うことはなかったと言います。なぜならお手本とするべき寺があったからです。

それが「西芳寺」。別名を苔寺と呼んでいて、広く知られたお寺ですが、開山は行基上人、中興開山は夢窓疎石と言われています。

ここでもまた「金閣寺」と「銀閣寺」の共通点が出てきました。義満も「金閣寺」を造るにあたって、「西芳寺」を模したと言われているのです。

必然か、それとも偶然か。もしくは血統がそうさせたのでしょうか。

「金閣寺」も「銀閣寺」も「西芳寺」をお手本にしたということは、あまり知られていません。

「西芳寺」をこよなく愛していた義政は、豪雨のなかでも、極寒の日であっても、「西芳寺」通いを続け、何度も庭園を眺めては絶賛していたそうです。そして義政の頭にはひとりの人物が浮かびます。それは母重子でした。

母思いの義政は、ひと目でいいからこの庭を重子に見せたいと、強く願うようになるのです。

しかしながら当時の「西芳寺」は女人禁制。たとえ将軍の母といえども、その掟を破るわけにはいきませんでした。

一計を案じた義政は、御所にほど近い母の住まい〈高倉殿〉に「西芳寺」の庭園を再現します。さすがは将軍。親孝行もけた外れですね。

時を経て、その〈高倉殿〉にあった〈攬秀亭〉を改修し、移築したものが今の〈銀閣〉、すなわち〈観音殿〉というわけです。重子が没した後も、義政は母を慕い、「西芳寺」への憧れを「銀閣寺」に表したのでしょう。

義満は政の場として、あるいは権力の象徴として「金閣寺」を造ったように思えますが、義政は親を思う気持ちの表れとして「銀閣寺」を造った。その違いが、金と銀という色合いに表現されているように思えてなりません。

銀閣寺を愉しむ手掛かり

銀閣寺道のバス停から今出川通に出て、まっすぐ東へ歩きます。

銀閣寺橋をわたり、参道へたどると通りの両側にずらりと土産物屋や飲食店が建ち並んでいます。門前町の賑わいを抜け、脇に潜戸が付いた薬医門形式の〈総門〉をくぐると、いよいよ「銀閣寺」です。

〈中門〉へと続く矩形の参道は比較的狭く、両側には背の高い植栽が続き、下は石垣になっています。この左手、すなわち東側の植え込みには竹垣が施されていますので、よくご覧になってください。

これが〈銀閣寺垣〉と呼ばれる垣根です。右手、すなわち西側には竹垣がなく、非対称のそれは、どことなく〈金閣寺垣〉に通じるものがあるように思われませんか。

よく言われるように、西洋式庭園はシンメトリーが特徴で、日本庭園は非対称を基本としています。それは垣根ひとつとってもおなじだということに感心します。

受付を通って境内へと通じる〈中門〉も薬医門の形をとっていますが、〈中門〉の正面には唐破風屋根を持つ〈唐門〉が見えてきます。その窓越しにちらっと〈銀沙灘〉が顔を覗かせているのに期待が高まります。

池の水面にその姿を映す〈金閣〉とは趣きが異なり、〈銀閣〉は砂に囲まれているという印象が強いですね。

池泉回遊式庭園ですから、もちろん「銀閣寺」の庭園にはちゃんと池があるのですが、あちこちの砂が目立つせいか、池の印象が薄いのです。

謎に満ちた、と言ってもいいでしょう。いろんな意匠の砂が点在している庭は、なにを問いかけているのか。かなりの難題ですね。

〈銀沙灘〉とその横に並ぶ〈向月台〉は不思議な意匠で、その意図を解く説にはさまざまあるようです。おおむね共通しているのは、月をテーマとしているということですね。

〈向月台〉はこの上に座って月を待った、とも言われ、〈銀沙灘〉は月の光を反射させ〈銀閣〉にまで届かせようとした、などと言われています。諸説はともかくとして、この大胆、かつ斬新なデザインは、ほかでは決して見ることのない独創的なものです。

この砂に気を取られて、うっかり〈銀閣〉のことを忘れてしまいそうになります。ここが、絶対的存在である〈金閣〉との決定的な違いです。

「金のほうが銀より上」ではない

さてその〈銀閣〉。一見するといかにも地味な建築ではありますが、国宝にも指定されていることからも分かるように、その価値は広く認められています。

それに対して「金閣寺」の〈舎利殿〉、すなわち〈金閣〉は国宝に指定されていません。昭和になってから焼失し、建築年数が浅いからです。

それではなぜ「金閣寺」は世界遺産に登録されたのでしょう。少し不思議に感じますね。

その答えは「金閣寺」の庭園にあります。

「金閣寺」が建っているあの場所は、飛鳥時代からはじまった庭園文化発祥の地であり、今の庭園は国の特別名勝に指定されているからです。特別名勝は国宝と同義と考えられるので、世界遺産の登録要件を満たしているというわけです。

おなじ世界遺産であっても、「金閣寺」は庭園を主とした価値が認められての登録で、「銀閣寺」は〈銀閣〉そのものの価値が認められての登録、という違いがあるのです。参拝の際はそのことも頭に入れておくと、よりいっそう理解が深まるかと思います。

国宝に指定されている〈銀閣〉をよく見てみましょう。

〈観音殿〉は、〈金閣〉の〈舎利殿〉が三層なのに対して、二層で構成されています。住宅にたとえるなら二階建てですね。

〈心空殿〉と呼ばれる下層は住宅風建築様式、〈潮音閣〉と名付けられた上層は禅宗仏殿風建築。つまり一階が住まいで、二階が仏間というかたちです。かつての建築様式を今に残している貴重な楼閣だと伝わっています。

〈金閣〉に比べて簡素な造りであることから〈銀閣〉と呼ばれるようになったのではないかという説もあるようですが、なんとなく金のほうが銀より上、と思ってしまいがちです。

建物そのものの価値で比べるなら、〈銀閣〉に軍配が上がるのですが、メダルの色から連想することもあって、〈銀閣〉が二番手に思われるのは残念なことです。

〈金閣〉に倣って、銀箔を貼る予定だったとも言われていますが、たしかな痕跡もなく、なぜ〈銀閣〉と名付けたのか。少なからず疑問が残ります。

この〈観音殿〉、〈向月台〉〈銀沙灘〉を中心とする〈錦鏡池〉周辺の庭は池泉回遊式庭園となるのですが、ここから一段高い場所には〈漱蘚亭〉跡の石組で構成された庭園があります。

上下二段で構成された庭園。これもまた「西芳寺」に倣ったのでしょう。何から何まで「西芳寺」に倣う。きっと義政は義満以上に「西芳寺」に憧れていたに違いありません。

なにしろ〈観音殿〉は当初、「西芳寺」と同じく〈瑠璃殿〉と呼ばれていたほどですから。

粋人として知られ、浮世離れしていた義政が全精力を傾け、自らの美意識の結集として造影した「銀閣寺」ですが、残念ながらその完成をみることなくこの世を去りました。さぞや悔しかったでしょう。

金と銀。三代と八代。それぞれの将軍が思いを込めた楼閣。その優美な姿に何を重ねようとしたのか。そう思いながら見上げると、また新たな感懐があります。

時の為政者は孤独。巷間よく言われることですが、きっとそれを紛らわすためでもあったのでしょう。ひと度天下を取れば、後は追われるのみ。せめて楼閣なりとも我が意のままに永遠に輝いていてほしい。そんな思いが〈金閣〉と〈銀閣〉に表れているのです。

京都イタリアンの先駆け「ノアノア」

「銀閣寺」へとたどる参道にあって、「白沙村荘」に隣接した「ノアノア」は、京都イタリアンの先駆け的存在として、都人に広く親しまれています。

学生時代にピザやスパゲティが食べたくなったら、たいていはこのお店に足を運んだものです。

元は日本画家の大家として知られる橋本関雪が、西洋美術のコレクションハウスとして、昭和四年に建築した洋館だと言いますから、長い歴史を誇っています。

花に囲まれたガーデンレストランでは、ピザやスパゲティの単品メニューもありますが、コースランチなら、ゆったりしたランチタイムを過ごせます。

せっかくの機会ですから、時間にゆとりがあるようなら、ぜひ「白沙村荘」にも入ってみましょう。広大な庭園と橋本関雪の作品を中心にした美術館の両方を愉しむことができます。

京都人が通う「大銀食堂」

おなじく参道沿いに建つ「大銀食堂」は地元民御用達の手軽な食堂です。

近頃は食堂と名付けながら、予約困難だったり紹介制だったりする、食堂もどきが流行っているようですが、この「大銀食堂」は正真正銘、古くからある京都の典型的な食堂です。

うどんやそばの麺類、丼もの、定食とどれも手軽な値段で、素朴な京都の味わいを堪能できます。

お奨めは中華そば。ラーメンとは違って、あっさりとした和風の味付けで、「銀閣寺」参拝の行き帰りには格好の虫養いとなります。

観光地価格ではないところもうれしいですね。表通りの賑やかな場所にありながら、こういうお店がそこかしこにあるのも京都ならではのことだと思います。

老舗洋菓子店「オオマエ」

白川通今出川の交差点から南へ三分ほど歩いたところにある「洋菓子のオオマエ」は、一九四七年創業のケーキ屋さんです。

近年はスイーツと呼ばれることが多く、凝り過ぎた意匠や、やたら高価な材料を使って、映えを狙ったものが人気を呼んでいるようですが、こちらのお店ではオーソドックスなケーキを適価で味わえます。

お店で一番人気のアップルケーキをはじめ、バウムクーヘンやオレンジケーキなど、なじみ深いケーキがワンカットから買えるのもうれしいところです。

ショーケースにずらりと並んだカラフルなケーキを眺めながら、どれにしようかと迷うのも素敵な時間です。

過剰に映えを狙うようなお店ではなく、こういう真っ当なケーキ屋さんこそが、京都にふさわしいと常々思っています。

京都御苑と鴨川

ＪＲ京都駅の中央口を出て、真っ先に目に飛び込んでくるのが京都タワーです。建設計画が決まったときは賛否両論相半ばでしたが、いつしか京都のシンボル的存在になりました。

灯台を模したというタワーには展望台があり、そこからは京都の街が一望できるのでぜひ一度は上ってみてください。

その展望台から京都の街を見下ろして、最も目立つのは「京都御苑」の広い緑と、南北に流れる鴨川の水です。

それほどに強い存在感がある両者は、共に都人憩いの場として広く愛されています。どちらも入園料が要るわけではなく、気が向けばいつでも訪れることができ、四季折々違った風景を見せてくれます。

いわゆる名所とは趣きが異なりますが、京都を訪れたならぜひ足を運んでいただきたいところです。

京都御苑で古刹歩きの疲れを癒やす

「京都御苑」は東西およそ七百メートル、南北千三百メートルの長方形の土地で、その全体の広さは九十二ヘクタールにも及びます。そのうち二十七ヘクタールほどは宮内庁や内閣府が管理しており、自由に立ち入ることはできませんが、残りの六十五ヘクタールは環境省が管理する国民公園ですから、いつでも散策することができます。

北は今出川通、南は丸太町通、東は寺町通、西は烏丸通。四つの通りに囲まれていて、ざっくり言えば、中央西側に京都御所、東側に京都大宮御所と京都仙洞御所があり、それ以外が公園となっています。

春には桜、秋には紅葉が美しい姿を見せてくれ、四季を通じて歩いて愉しい公園になっています。

近年は休憩所も一新され、ひと休みするのに格好のお店もありますし、京土産を並べるショップもあります。古刹歩きで疲れたら「京都御苑」歩きでリフレッシュされることをお奨めします。

京都御所の鬼門「猿が辻」

洛北の名所として、京の鬼門封じの役割を担う「延暦寺」と「上賀茂神社」をご紹介しましたが、その原点とも言える場所が「京都御苑」にあるので、まずはそこをご紹介しましょう。

石薬師御門から入って、まっすぐ進むと「京都御所」を取り囲む土塀が見えてきます。その東北の角を〈猿が辻〉と呼び、ここが「京都御所」の鬼門にあたる場所です。

まずは土塀の形状にご注目ください。ふつうの土塀だと直角に交わるはずが、角が見当たりません。角をへこまして、空間を作ってあるのです。

はて、これはどういうことか、と言えば、角をないものとしたというわけです。

鬼門が丑寅の方角の角だとするなら、その角をなくしてしまえば、鬼は目印を見つけられずに、入ってこないだろうという発想なのです。なんともアバンギャルドな考えですね。

その、角をなくした隅の東南側の軒下を見上げてみましょう。

少々見にくいのですが、よく目を凝らすと一部に金網が張られているのが見えると思います。陰になっていてはっきりとは見えないのですが、このなかに猿がいるのです。

烏帽子をかぶり、御幣をかついで右を向いている猿は「日吉山王神社」のお使いで、御所の鬼門を護っていると言われています。

なぜ猿が鬼門封じの役割を担っているかといえば、魔が去る、に掛けているからだとされています。神という字をマと読んで、神猿と呼ばれています。

金網のなかにいるのは、この神猿が夜中に騒ぎ立て迷惑を掛けたので、こらしめに閉じ込められたのだそうです。これでは、いざ鬼が現れたときに力を発揮できないのでは、と心配になりますね。

そんな〈猿が辻〉をあとにして、「京都御苑」の裏鬼門にあたる南西のほうを探索してみましょう。三つの神社と公家屋敷の跡地をご紹介します。

金閣寺と京都御苑をつなぐ白雲神社

「京都御苑」への出入口は御門と呼ばれていて、ぜんぶで九つあります。そのうちのひとつ下立売御門を入ってすぐ左手、北側に広がるのが〈出水の小川〉という散歩道です。楠の間に里桜や八重桜が植えられ、春には格好の道筋になります。

〈出水の小川〉を北に抜けると、右手奥に鳥居が見えて来ます。ここが「白雲神社」で、すぐ北側に〈西園寺邸跡〉の駒札が立っているように、この辺りは西園寺家の屋敷があったところです。この「白雲神社」は、西園寺家の鎮守社でもありますが、妙音弁財天をお祀りしていることから、〈御所の弁天さん〉と呼ばれています。

さて、この弁天さん、元はどこにあったかといえば、「金閣寺」の辺りです。勘のいい方ならお気付きになったかと思いますが、〈北山第〉を建てた西園寺家というのは、琵琶の宗家だったので、〈北山第〉の鎮守社として弁天堂を建立しました。それが時を経て、この地に移って来たというわけです。

まったく別の名所である「金閣寺」と「京都御苑」は、西園寺家という糸によって結ばれているのです。しかもそれらを、令和の今の時代になっても、間近で見ることができる。これが京都という街の奥深さ。何度訪れても新しい発見があるのだろうと思います。

そんな不思議な因縁を持つ「白雲神社」はもうひとつ、京都の歴史の一コマと深い関わりを持っています。

しばしば京都は大学の街だと言われます。国公立、私立と多くの大学があり、そこに通う学生たちが、食をはじめとして京都独特の文化を生み出してきたことから、そう言われているのです。

国立の京都大学はあまりにも有名ですが、私立大学の両雄といえば、同志社と立命館。その立命館が産声を上げたのが、この「白雲神社」の辺りなのです。

明治二年、西園寺公望が〈私塾立命館〉を開き、錚々たる顔触れの賓師が集まり、隆盛を極めたそうですが、翌明治三年になって、塾のありかたに不穏な動きを感じ取った京都府庁は、差止命令を出すこととなります。明治になっても思想統制があったのでしょう。

こうして、わずか一年で閉鎖に追い込まれた〈私塾立命館〉は時を経て、立命館大学へと姿を変えて行くのです。

広々とした空を見渡す「京都御苑」にあって、木立に覆われ、うっそうとした境内を持つ「白雲神社」。ここから京都有数の大学が生まれたというのも少しばかり不思議です。

名刹「金閣寺」ともつながりを持つ小さな社ですが、大きな歴史を背負ってきたことは、この「京都御苑」を訪れるひとのほとんどに気付かれないのはもったいないことです。

葉書の語源になった木が植えられている宗像神社

「白雲神社」を出て、来た道を戻りましょう。

〈出水の小川〉が切れた辺りに、赤松の繁みが見えます。ここが「宗像神社」です。この「宗像神社」は藤原冬嗣邸の鎮守社として建てられたと伝わっています。藤原冬嗣といえば、薬子の変で大いに活躍し、奈良に都を戻そうという動きを封じ込めた人物として知られていますね。つまりは、平安京の恩人というわけです。

筑前の宗像大社から勧請した〈宗像三女神〉を祀っている当社の境内には、ちょっと珍しい木が植わっています。

本殿の向かい側に植わる、タラヨウの木がそれ。多羅葉と書き、葉っぱの裏側に経文を書いたり、葉をあぶり占いに使ったりしたそうです。これが葉書の語源になったとも言われていて、〈郵便局の木〉に指定され、東京の中央郵便局前にも植樹されたそうです。

御所の周りのこの辺りは、江戸時代に至るまで、二百以上もの公家が屋敷を構えていました。御所との結び付きが深く、なにか変が起これば、いち早く馳せ参じるには何かと便利な場所だったのでしょう。

時は下り、明治になって天皇家が江戸に移り、それに合わせるようにして公家たちも京を離れていきました。

公家屋敷はほとんどすべてが空き家となり、御所の周りは当然ながら荒廃します。この憂慮すべき事態に立ち上がったのが岩倉具視です。

明治十年、御所保存を建議し、これに呼応した京都府が、空き家となった公家屋敷を撤去し、御所の周囲を整備したのが、「京都御苑」の始まりです。

公家という、いわば特権階級が豪奢な住まいを構えていたところが、今は都人をはじめ「京都御苑」を訪れるひとたちの憩いの場となっているのは、とても素敵なことだと思います。

下立売御門から入り、「白雲神社」、「宗像神社」とたどって来た界隈には、かつて多くの公家屋敷が建っていたのを想像すると、いつも胸が躍ります。

池のなかにある厳島神社

「京都御苑」のなかに「厳島神社」がある。そう言っても、何かの間違いでは、と思われる向きも多いでしょうね。広島の「厳島神社」は、海に屹立する鳥居で、あまりにも有名な神社ですから。

都人から〈池の弁天さん〉と呼び親しまれている神社は、その名が示すとおり、安芸の「厳島神社」から勧請された社です。

平清盛が母、祇園女御のために、兵庫の築島に建立した社を、九条道前が自らの邸内に遷座させたものだと言われています。そう聞けば平家物語を思い起こしますね。

九条家の庭は池泉回遊式庭園となっていて、九條池に浮かぶかのようにして、石の鳥居が建っています。

本家の「厳島神社」は海のなかですが、こちらは池のなか。どちらも水にその姿を映します。

この鳥居はしかし、ただの鳥居ではありません。京都三鳥居のひとつに数えられるほど、珍しい鳥居なのです。

鳥居は花崗岩で造られていて、島木と笠木が唐破風の形式を取り入れています。いわゆる破風形の鳥居です。他ではめったに見られない、不思議な形をしていますね。

鳥居の前に立ち、池を眺めると欄干に擬宝珠を持つ橋が見えます。

これは〈高倉橋〉と呼ばれていて、明治十五年に持ち上がった天皇行幸計画にともなって架橋されたものです。

この橋脚をよく見てみましょう。そうとう年季の入ったものだろうなとお分かりいただけるかと思います。

これは四百年以上も前に、豊臣秀吉が架橋した、三条大橋や、五条大橋の石造橋脚を、再利用しているのです。行幸する天皇に、京の長い歴史を振り返ってほしい。そんな気持ちを込めて架けられた橋なのでしょう。

さまざまな思惑が交錯し、結局天皇がこの橋を渡ることはありませんでしたが、「京都御苑」にあって平家物語を思わせ、秀吉の統治にも思いを重ねながら散策できる風光明媚の地として、大きな役割を担っています。

いったん「厳島神社」を出て、東側に回り込むと、この橋を渡ることができます。

天皇行幸のために架けられたとあって、建礼門からまっすぐにこの橋へとたどり、丸太町通へと通じる道筋ができていることにも注目しておきましょう。

御苑内を見下ろせる拾翠亭

〈拾翠亭〉は五摂家のひとつだった九条家の住まいで、おおむね二百年前の江戸時代後期に建てられたものと伝えられています。

毎週木、金、土曜日だけですが参観することができます。御苑のなかで二階部分から眺められるのはこの〈拾翠亭〉だけで、九條池や〈高倉橋〉を望むことができます。

かつての宮家とおなじ気分を味わえる、特別な場所ですから三百円の参観料を払ってでも観ておきたいものです。

〈拾翠亭〉の建物は数寄屋風書院造りで、当時は主に茶会のための離れとして使用されていたと伝わっています。今も十畳と三畳のふたつの茶室が残されていて、茶会や句会などに貸し出されているようです。

写真撮影が許可されているのもうれしいですね。宮さま気分で二階から御苑内を見下ろすのもいいものです。

床もみじが観られる閑院宮邸跡

報道でよく耳にする宮家という言葉。分かっているようで、分からないことも少なくありませんね。

辞書どおりに定義すれば、宮号を賜った皇族一家、となるのでしょうが、法的な根拠があるわけではないようです。現存する宮家は、秋篠宮、常陸宮、三笠宮、高松宮と四つになります。

しかし過去にはどれほどの宮家があったのか、想像もつきません。きっとたくさんの宮家が生まれ、そしてなくなっていったのだろうと思います。

古く四親王家というものがあり、伏見宮、桂宮、有栖川宮、閑院宮の四つの宮家を指したと言います。伏見や桂、有栖川といった今も地名に名が残る三つの宮家に比べて、閑院宮はなじみが薄いですね。どんな宮家だったのでしょう。

それを目の当たりにできるのが〈閑院宮邸跡〉です。

「宗像神社」の向かい側、「京都御苑」の南西隅にあって、よく手入れされた庭園と展示室を参観できます。

創建当初の建物は天明の大火で惜しくも消失し、明治十六年に新築された建屋だそうですが、新しく整備された庭園を含め、忠実に再現されているので、在りし日の宮家を偲ぶことができる貴重な場所でもあります。

わけても庭園は、大正期の図面を基にし、専門家の意見を集約し、丸二年を掛けて再現したものだと言われていますから、心して観ておきたいものです。

井戸も新たに掘り、伝統的な〈遣り水〉手法を取り入れ、池には州浜も作られた。言ってみれば、御苑のなかの浜辺。この池を中心にして、広々とした庭園が続き、格好の散策路となっています。

この「閑院宮邸跡」でぜひとも観ておきたいところが南棟にあります。

建屋に入り、展示室の奥まで進むと、天井に虹梁を渡し、蟇股を置いた、ひときわ立派な造りの部屋があります。

中庭に面した板敷きの部屋で注目したいのは、障子の間から庭を望む木の床です。

庭にはもみじの木が植わっていて、それが床に映っています。春から夏に掛けては鮮やかな新緑が、秋には紅く染まった葉が、床に映り込みます。いわゆる床もみじが観られるのです。

前著『おひとりからのしずかな京都（SB新書）』で表紙に使わせていただいた岩倉「実相院」の床もみじは、あまりにも有名ですが、それとおなじような光景をここで間近にできることはさほど知られていません。

「実相院」は撮影禁止だからでしょうか、近年は新しくできた撮影可能なお寺のリフレクションが人気を呼んでいるようです。

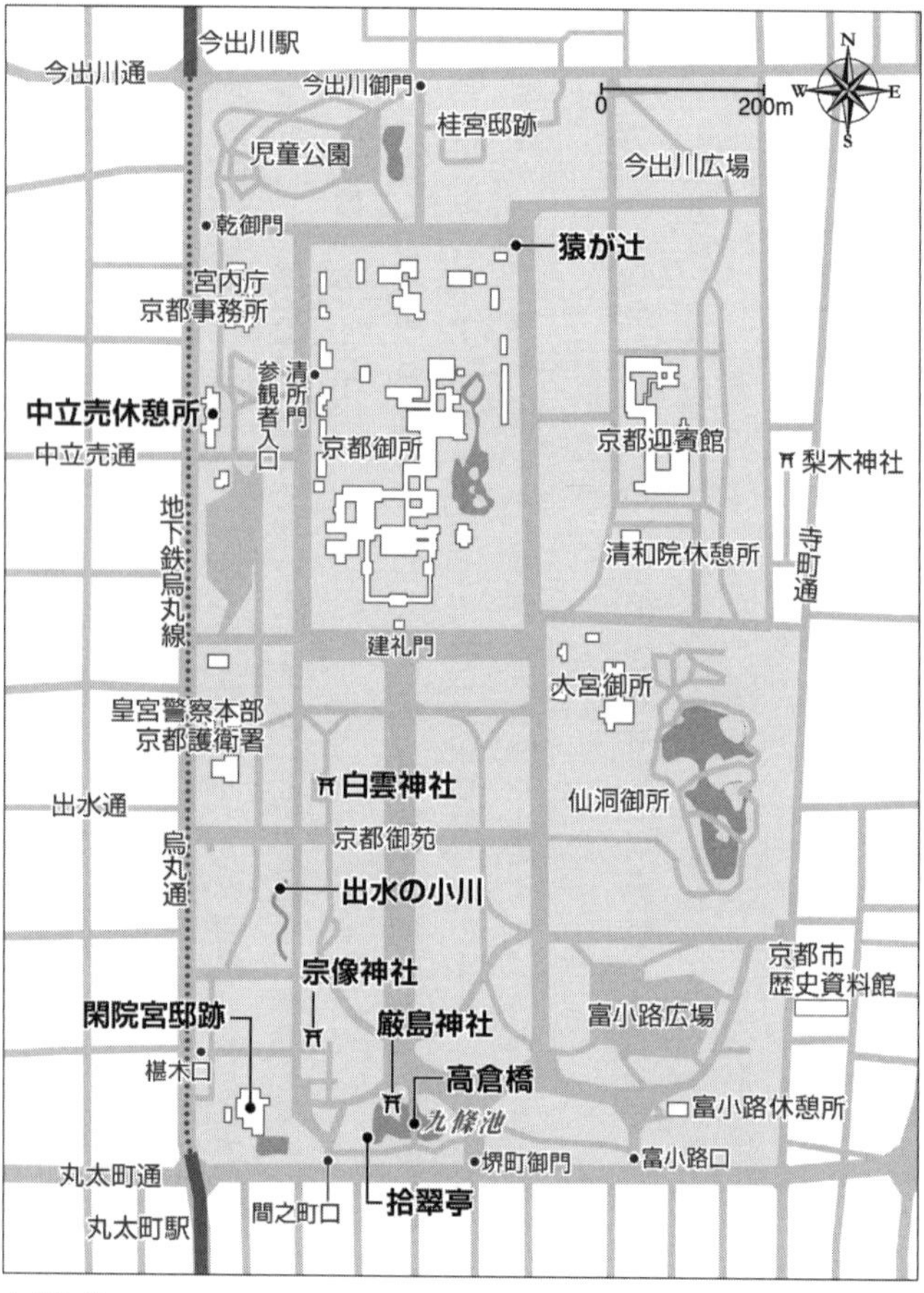
今出川駅
今出川通
今出川御門
0
200m
N
W
E
S
桂宮邸跡
児童公園
今出川広場
乾御門
猿が辻
宮内庁
京都事務所
清所門
参観者入口
中立売休憩所
中立売通
京都御所
京都迎賓館
梨木神社
地下鉄烏丸線
清和院休憩所
寺町通
建礼門
大宮御所
皇宮警察本部
京都護衛署
白雲神社
仙洞御所
出水通
京都御苑
烏丸通
出水の小川
京都市
歴史資料館
宗像神社
閑院宮邸跡
厳島神社
富小路広場
椹木口
高倉橋
富小路休憩所
九條池
丸太町通
堺町御門
富小路口
間之町口
拾翠亭
丸太町駅

京都御苑

しかし床もみじと単なるリフレクションでは、まったく意味合いが異なります。床を磨き込むことで偶然に映り込むのは、その手入れの労苦の賜物ですが、最初からリフレクションを狙って、反射しやすい設えをするのは意図が見え透いて白けてしまいます。

近年の京都にはそうした施設が増え、高額な参観料を払い予約してでも、映え狙いの写真を撮りたいと思う方が増えていることを嘆く都人は少なくありません。

歴史の積み重ねによって、結果的に映えるのは美しいものですが、最初からそれを狙っているものは、醜悪にしか見えないのです。

ここでご紹介した「京都御苑」の見どころは、ほんの一部にしか過ぎません。ほかにも見るべきものはたくさんあります。

広々とした庭園はよく手入れが行き届き、洗面所や休憩所などの設備もきちんと整っています。

「京都御苑」は世界遺産に負けず劣らずの京名所だということを、ぜひご認識ください。


京都御苑散策の一休みにお奨め「中立売休憩所」

「京都御苑」のなかにこんな休憩所があることはあまり知られていません。以前からそれらしきものはあったのですが、近年新しくなり、とても使い勝手がよくなりました。

御所車を器にした御膳から、天丼や湯葉丼、釜揚げうどん、稲荷ずしまで、気軽にいろんな和食を味わえます。御苑の緑に囲まれて、京都の地酒を呑みながらのランチタイムというのもぜいたくなひとときです。

今の時代に適応して、ヴィーガンやベジタリアン、ハラールなどに対応できるメニューもあって、なかなかの充実ぶりです。催しがあるとき以外は比較的空いているのもありがたいお店。「京都御苑」散策の際にはぜひ。

和食を愉しみたいなら「西角」へ

「京都御苑」の周辺にはおいしいお店がたくさんあります。京都のひとは親しみを込めて、「京都御苑」全体を御所と呼んでいますが、最近の傾向として御所南においしいお店が増えて来たように思います。

ざっくりとですが、御所北はむかしからあるお店、御所南は新しくできたお店が注目されているようです。

その御所北で京都らしい和食を、となれば一番のお奨めは「西角」というお店です。

出町桝形商店街の横道にあって、控えめな店構えがこのお店の有様を表しています。賑やかな商店街から横道に入り、アプローチをたどって暖簾をくぐります。立派な木の床なので、靴を脱がないといと思いますが、下足のままで上がれるようになっています。

お店に入ると六席ほどのカウンターがあって、オープンキッチンになっています。右手にテーブル席、左手には個室があります。二十人も入れば満席になる小さなお店ですから、事前の予約は必須。ランチは前日までの予約がマストです。

昼も夜もおまかせコースがありますが、ぼくはいつもアラカルトでディナーを愉しんでいます。

アラカルトの場合は、九品ほどが盛り付けられた八寸が最初に出てきますので、お酒と一緒にこれを食べながら、お店の名物とも言える若狭グジなどを注文するという流れです。おひとり、おふたりならカウンター席がお奨めです。目の前でていねいに作られる料理を見ながら、次はなにを注文しようかと迷うのも、こういうお店の醍醐味です。

「京都御苑」のあとさきに立ち寄りたいお店です。

京都の香りをまとうおそば屋「花もも」

どちらかと言えば、そばよりうどん。京都はそんな街ですが、「京都御苑」を訪れるなら、ぜひともこのお店のそばを味わってください。本格的な手打ちそばながら、どこかしらに京都の香りをまとうおそばです。

信州出身で、山梨のそば屋で修業を積んだ主人が京都の御所近くで店を開いた、というのですから、それだけでお店の空気が分かろうというものです。

丸太町通を挟んで御所の向かい側。麩屋町通の近くにあるのが「花もも」です。一階と二階に席がありますが、ぼくのお奨めは二階の御所を眺められる、窓際のカウンター席です。

御所の緑を眺めながら、二八そばを愉しめるというのも乙なものです。からみ大根を使ったおろしそばがぼくの定番ですが、温かいかけそばもいいですね。小難しい講釈もなく、価格もこなれていますから、気軽にそばをたぐれます。時分どきは行列ができますので、少し時間を外したほうがいいでしょう。

由緒正しい和菓子屋「松屋常盤」

スイーツもどきではなく、真っ当な京の和菓子といえば、真っ先に「松屋常盤」の名前があがります。

堺町御門から南へ。堺町通に面したお店に暖簾が掛かっていれば商い中というしるしです。〈御菓子調進所　松屋山城　松屋常盤〉と暖簾に書かれていますが、現在の店名は「松屋常盤」ということです。

創業は、承応年間といわれていますから、三百数十年の歴史を誇るお店で、現当主は十六代目にあたるそうです。すぐ近くの御所はもちろんのこと、「大徳寺」をはじめとして、多くの寺方や茶道の家元などに和菓子を納めてきた老舗です。

代表的な銘菓は味噌松風。小麦粉に西京味噌と砂糖を加えて練り、表面に黒胡麻を散らして焼きあげたお菓子です。表はこんがりときつね色に焼きあがっていますが、裏には焼き色が付いていません。見た目でいえば裏は表に比べて寂しいですね。これを謡曲の「松風」に出てくる一節、「浦寂し、鳴るは松風のみ」に掛けて菓銘が付けられたというのですから、風雅な遊び心です。このお店でしか買えないうえに、当日売りには限りがありますから、予約しておいたほうがいいでしょう。

賀茂川、加茂川、鴨川の違い

京都を訪れて、一度も鴨川の流れを見ずに帰ってしまう、ということはないはずです。

京の街なかを南北に流れる鴨川にはいくつもの橋が架かり、東岸と西岸の眺めはその橋を数えるごとに変わります。

水源は北山のはるか奥のほうですが、鴨川のはじまりは雲ケ畑と言われています。「金光峯寺志明院」は別名を「岩屋不動」と呼ばれていますが、ここの境内にある洞窟から湧きでる水が鴨川の始まりとされているようです。

ここから桂川と合流するまで、およそ三十一キロの流れを作っているのが鴨川ですから、まさしく京都の街を貫いているのです。

河川法ではすべての流れを鴨川と表記しますが、都人は賀茂川、もしくは加茂川と、鴨川を区別しています。

高野川と合流する前は、賀茂川か加茂川。合流してからの下流は鴨川と書くのが都人の習わしです。

小説やドラマによく登場する三角州が、賀茂川と鴨川の分岐点になります。

この三角州のすぐ北にあるのが「下鴨神社」。ここも世界遺産に登録されていますから、後述することにします。

先に書いたとおり、総延長は三十一キロにも及びますから、鴨川に架かる橋も数え切れないほどあります。京都人でもすべての橋をわたったという方はほとんどおられないと思います。京都旅で目にする、あるいは渡るだろうと思われる橋を目印にして、鴨川歩きをご紹介しましょう。

橋と歴史を重ね合わせて愉しむ

洛北の章でご紹介した御薗橋を北の端として、そこから南に下り、七条大橋辺りが南の端とするのが一般的かと思います。これでも橋の数は十九もあります。

最初に鴨川に橋が架けられたのは平安時代だと伝わっていて、三条大橋や五条大橋などは秀吉のころから架けられていますが、多くは明治以降の橋と言われ、その後も水害に遭って流されたりして、架け替えられたものだそうです。

なかでも最も古いのが七条大橋で、大正二年の竣工と言いますから、百十年前の橋ということになります。

ここからはその歴史をたどりながらさかのぼるのがいいでしょう。鴨川の流れに逆らって、七条大橋からずっとさかのぼっていきます。

七条大橋は、京都市電を走らせるためもあって、頑丈な鉄筋コンクリートでできています。これは日本で初めての工法だったようです。

惜しくも昭和五十三年に廃止されましたが、京都市電は日本で最初の路面電車として八十年以上ものあいだ、京都の街を縦横に走っていました。かつては鴨川に架かる橋の上を走っていて、その姿は今も目に焼き付いています。

モータリゼーションという言葉に押され、市バスにその座を取って奪われたのですが、もし今も京都市電が走っていたら、と想像しながら七条大橋を眺めると、実に残念な気がします。

ちなみに今の七条大橋の高欄は、七条通を東へ進んだところに建つ「三十三間堂」で、成人の日に近い日曜日に行われる〈通し矢〉をモティーフにしています。

北へ上がると次の橋は正面橋。正面通に架かっています。

京都の通り名のなかで、ひときわ異彩を放つのが、正面通です。

京都というところは、千二百年有余の長い時を経て来た街です。その歴史をさかのぼり、平安の都を思えば、正面とは、当然ながら大内裏と〈正しく向き合っている方向〉となるはずですね。ところがこの正面通は、御所とはまったく別の場所に延びているのです。

正面通は東西の道で、途中消滅や蛇行を繰り返しながら、西は千本通から始まり、東はある神社の前まで続いています。

その、ある神社、というのが実は正面通の由来となっているのです。それが「豊国神社」。言わずと知れた豊臣秀吉を祀る社です。

正確にいえば「豊国神社」の隣、「方広寺」に建っていた大仏さまの正面、ということになるでしょう。もしも現存していれば、この正面橋をわたるひとはもっと大勢になっていただろうと思います。

鴨川に限ったことではありませんが、京都の街を歩くときは、歴史と重ね合わせ、往時を思い浮かべながら歩を進めるのが、愉しみを倍加させるコツです。

正面橋の次は五条大橋。

西側のたもと、グリーンベルトのなかに弁慶と牛若丸の像が建っています。

—京の五条の橋の上—

歌でもおなじみの、牛若丸と弁慶が橋の上で一戦交えた橋として知られていますね。

ところが実際にふたりが戦ったのはここではなく、次の松原橋だったのです。

五条橋の北に架かる松原橋。この橋がかつて五条の橋だったのです。

少しややこしい話になりますが、むかしの五条橋はこの松原橋のことで、今の五条大橋は秀吉が架け替えたものです。なぜそんなことをしたかといえば、先に書いた大仏さまを参拝する利便性を考えてのことだったと言われています。

橋の位置を変えてまで、秀吉は大仏建立に心血を注いだのですが、結果的には焼失してしまい、その思いは叶えられなかったのです。それだけではなく、「方広寺」の鐘に刻まれた文字によって徳川家康の怒りを買い、豊臣家の滅亡へとつながっていくのですから、皮肉なものです。

「国家安康」「君臣豊楽」。梵鐘の銘文にこんな八文字が書かれ、今もそのまま残されています。徳川家康の「家」と「康」を分断しようとする呪いの言葉と、豊臣を君主として楽しむという意が隠されていると、家康が激怒したといいます。

まさしく戦国時代ですね。ときの為政者はいつその地位を失うか、戦々恐々としていたのでしょう。正面橋、五条大橋、松原橋と三つの橋を巡ると天下人たちの数奇な運命に思いを馳せてしまいます。

松原橋の次は団栗橋。この橋の名は少しばかり異色ですね。

江戸時代中期からここには橋が架かっていたようで、橋のたもとに大きな団栗の木があったことから団栗橋と呼ばれるようになったと言います。

この橋の近くには宮川町という花街があり、そのなかの宮川町団栗辻子辺りから出火した火事は、天明の大火と呼ばれていて、京の街の八割ほどを焼き尽くしたという、凄まじい火災だったようです。

天明八年一月の末から二月の初めまで、丸二昼夜にわたって燃え続けた火事は、どんぐり焼けと称されています。

その次は四条大橋。京都旅をされるみなさんには最もなじみ深い橋ではないでしょうか。橋の真ん中に立つと、四方八方どこを向いても京都らしい眺めが得られるのはうれしいですね。

北を向くと鴨川の流れに架かる橋が連なり、遠くに北山の峰々が見えます。西を向くと左のたもとに「東華菜館本店」のエキゾチックな建物が、右は先斗町の入口です。南を向くと歩いてきた鴨川の流れと、左手には東山がビルの隙まから顔を覗かせるのが見えます。そして東を向くと、四条通の突き当りに建つ「八坂神社」の西楼門が見え、右手には南座、左手には「東華菜館」とおなじようなノスタルジックな洋館が見えます。これは京都を代表する老舗洋食店「レストラン菊水」です。

京都一の繁華街であり、「八坂神社」の参道でもある四条通は、古くから賑わいを見せていたことが分かる橋です。

鴨川の水、双六の賽、山法師の三つを天下三不如意と呼んで、意のままにならぬものだとしたのは白河天皇で、平家物語に書かれています。

鴨川はかつて暴れ川と呼ばれ、再三氾濫して橋もたびたび流されたと言います。この四条大橋も一一四二年に架けられてから、流失や破壊、再建を繰り返し、今架けられている橋は、昭和十七年に架け替えられたものです。

橋の東のたもとの北西角には出雲阿国の像が立っていますが、この辺りの四条河原でかぶき踊りを舞っていたことに由来しています。鴨川の河原は今もむかしも庶民の憩いの場でしたから、古くから茶店が床几を出していたり、河原に座り込んで酒盛りをしたりと、大いに賑わったようです。

その名残とも言えるのが、団栗橋辺りから二条大橋辺りまでの西岸に建ち並ぶ床店で、京の夏の風物詩ともなっています。

むかしは鴨川の流れの上に床几を置いたりしていたようですが、今では鴨川の西を流れるせせらぎ、禊川の上に張り出して床を設えるのが一般的になっています。

ちなみに洛北貴船の貴船川に設えられているほうは、川床と呼ばれます。

ところで川は鴨川に限らず、上流を背にして右側を右岸、左側を左岸と呼ぶのですが、しばしば訊ねられるのが、右岸と左岸のどちらを歩けばいいか、ということです。

好みもありますから、正解というものはありませんが、お奨めしているのは、左岸と右岸を交互に歩くことです。

七条から松原辺りまでは右岸、そこから二条辺りまでは左岸、その先は右岸といった感じです。その理由は鴨川越しに対岸を見たときの眺めからです。

というわけで四条大橋から北は、しばらく左岸、すなわち東側の河原を歩きます。するとちょうど先斗町に並ぶお店を鴨川越しに眺めることができ、帳が下りた夜はもちろん、昼間でもこの界隈ならではの情緒を感じられます。

四条の次は三条。三条大橋は東海道五十三次の終着点としての位置づけもあり、鴨川の中心でもありますが、令和五年現在修復中です。

室町時代に最初に橋が架けられ、その後一五九〇年に秀吉が命じて石柱の橋に架け替えられたことで、一気にその存在感を増したと言われています。

今架かっている橋は昭和二十五年の四月に竣工したものですが、高欄はもっとあとの昭和四十九年三月になって完成しました。橋そのものも高欄も新しいものですが、擬宝珠だけはむかしの古いものを使っています。それゆえ橋の西岸からふたつ目の擬宝珠には、幕末の池田屋事件の際についたと言われる刀瑕が残されています。

この橋の東と西には往時をしのばせるふたつの銅像が立っています。東のほうは江戸時代後期の尊皇思想家として知られる、高山彦九郎が京都御所に向かって拝礼している姿を模ったものです。

そして西のたもとに立っているのは弥次さん喜多さんの像で、東海道五十三次の旅を無事に終えて、ホッとしている様子です。傍らには撫で石が置かれていて、これを撫でると旅の安全にご利益があるとされています。

橋の東側は京阪本線の三条駅ですが、駅そのものは地下にあります。電車が地上を走っていたころは、この三条から南の東岸に桜並木が続いていて、春爛漫のころには界隈に花吹雪が舞ったものです。修復を終えて、新たな姿を見せてくれる令和六年の春が待ち遠しいですね。

三条の次は御池大橋です。

御池通は川端通から天神川通までの東西の通りで、平安京のころは三条坊門小路と呼ばれていました。二条城の近くにある「神泉苑」がかつて広大な池を擁していたことからその名が付きました。

今のような広い通りになったのは、太平洋戦争のときに空襲で延焼することを防ぐためだったようで、それにともなって橋も広く作られています。

西岸の木屋町御池にはかつて、夏目漱石が定宿としていた旅館があり、漱石はこの界隈をよく散策していたそうです。その名残とも言えるのが、貴船石を使った漱石の句碑。

―春の河をへだてて男女かな―

意味深な句が書かれています。

次の二条大橋は、取り立てて見どころがあるわけではないのですが、広すぎないせいか親しみを感じる橋です。二条通はあまり混み合うことがないので、河原町通から東大路通への通り抜けに使われることも多いようです。

二条大橋の一本北に架かる丸太町橋はかつて、泥でできた丸太町橋と呼ばれていて、そこにはひとりの女性のエピソードが残されています。

江戸末期の女流歌人であり尼僧でもあった太田垣蓮月は、和歌を釘彫りした焼物、蓮月焼を生み出した陶芸家でもありました。

川端丸太町近くにあった三本木遊郭で生まれ、波乱の生涯を送った蓮月は、一世を風靡した蓮月焼の売上を蓄え、多額の私費を投じて丸太町橋を架けたのです。泥をこねて得たお金で架けられた橋なので、泥でできた、と言われたのでしょう。

蓮月は京都を代表する文人、富岡鉄斎と交流があり、慎み深い蓮月は三十両のお金を匿名で役所に届けてほしいと鉄斎に依頼したと言います。今のお金だと軽く一千万円を超える寄付は、もともと丸太町橋を架けるために貯めていたお金でしたが、多くが飢餓で苦しんでいるのを見かねて、すべてを吐きだしてしまいました。

そしてまた一から貯めたお金をつぎ込んで、丸太町橋を架けるために尽力したのです。そんな篤志家の蓮月ですが、絵に描いたような才色兼備の女性で、稀に見る美人だったようです。言い寄る男性は数知れずで、それから逃れるために歯を抜き去ったというのですから、なんとも壮絶な人生です。

蓮月が過ごした庵は西賀茂「神光院」にありましたが、このお寺のことは『おひとりからのひみつの京都（SB新書）』に書きましたので、ご興味がありましたら併せてお読みください。

丸太町橋の次は荒神橋。私事になりますが、この橋のすぐ傍で生まれたぼくには思い入れの深い橋です。

京の七口と言われる都への出入口のひとつ荒神口は、正式名称、護浄院 清三寶荒神尊というお寺が近くに建っていることから付いた名前です。子どものころの遊び場だったお寺は通り名を荒神さんと言い、狭い境内は我が庭同然でした。

荒神橋の最大の見どころは西のたもとから東を見た眺めです。

通りよりもいくらか狭い橋ですが、北側歩道から東を見ると、真正面に通称大文字山が望めます。これは山アテと呼ばれる道路造りの手法です。関東各地では富士山を山アテとして通された道路が今も多く残されていますが、京都市内ではここぐらいしか残っていないようです。

後ろを振り向くと御所の緑が見え、ちょうど御所と大文字山の中間にこの橋が架かっていることが分かります。そんな由緒正しい地で、かつ景観にもすぐれていたせいもあって、古くここには久邇宮邸がありました。今は宿泊施設となっている建物の前には、香淳皇后の歌碑が立っています。

—鴨川の　ほとりにいでてながめやる　荒神橋はなつかしきかも—

昭和天皇の皇后だった香淳皇后は久邇宮家が実家でした。

この次の賀茂大橋辺りまでの流れにはいくつもの飛び石が置かれていて、格好の遊び場となっています。子どもからカップル、犬を連れた老夫婦など、足元をたしかめながら飛び石をわたる様子はほほえましい光景です。

この先、賀茂大橋から御薗橋への道筋については先述した拙著に書きましたので、本項ではここまでとします。

老舗北京料理店の「東華菜館本店」

先にも書きましたが、四条大橋のランドマークとも言える「東華菜館本店」は、長い歴史を誇る北京料理店で、地元京都人からの信頼も厚いお店です。

料理もさることながら、京都でも数少ないヴォーリズ設計の建物はみごとな意匠で、豊かな時間を過ごすことができます。表玄関の周囲に施されたデザインを見ているだけでも飽きることがありませんが、古いエレベーターをはじめとした、建物のなかのあれこれにも目を奪われます。

お昼前から夜までの通し営業なので、中途半端な時間にお腹が空いたときにもありがたいお店ですが、軽く、というよりは、しっかり食べて飲むのが「東華菜館」流の愉しみ方。夏になるとテラス席にビアガーデンも出現し、鴨川の夜風に吹かれながら北京料理を愉しむこともできます。建築ファンならずとも、ぜひ訪れてみてください。

素朴な京菓子の五色豆をいただける「船はしや」

和スイーツなどと称して、和菓子か洋菓子か分からないものが増えてきた京都ですが、京都ならではの和菓子を京土産にするなら、こういうものを選んでほしいものです。

それが五色豆。煎った豆に五色の砂糖衣をまぶしかけた豆菓子です。

白・青・赤・黄・黒（濃茶色）の五つの色は大地を象徴していると言われていて、白は金、青は木、赤は火、黄は土、黒は水を、それぞれ表しているそうです。

その歴史は古く五百年前にもさかのぼり、当時の禅僧たちが煎り豆に乾した葉っぱなどを巻いて保存食としていたことから始まったとされています。それが宮中に伝わり希少な砂糖をからませて上菓子として珍重したと言います。その後は千利休が茶会で茶菓子として使ったことで、京菓子として定着したものです。

外側の砂糖は甘いので、しばらくなめたあと、豆をかりっと噛むと違った風味と歯触りが愉しめます。

三条大橋の西のたもとの北側、五色豆と大書された木の看板が見えると、それだけでほっこり心が和みます。

流行に流されることなく、素朴なお菓子を作り続けるお店は今や京都では貴重になってきました。いつまでも残してほしいものです。

鴨川沿いの隠れ家「料理処はな」

鴨川に面したお店でおいしい料理を食べられるところを紹介してください。そんなリクエストをいただくと、はたと考え込んでしまいます。なかなか思い浮かばないのです。

川端通沿いにあって、ビルの二階に店を構える「料理処はな」はそんな数少ない一軒で、ディナータイムだけの営業ですが、ご紹介するとかならず喜んでもらえます。

川端通の冷泉通を少し下がったビルは、どこから入ればいいのか迷うような、まさに知るひとぞ知る、といった隠れ家感も満点のレストランです。

お店の名前からは、どんな料理が出てくるか分からないのもいいですね。実は本格和食とイタリアンの両方を味わえる珍しいお店なのです。ワインや日本酒の値付けも良心的ですから、どんな方にも安心してお奨めできます。

アラカルトでもOKですが、おまかせコースにすると、前菜のあとにお造り、お椀、サラダやパスタ、ステーキと多種多様な料理が続き、どれも心が籠っていて、食事を終えるときまって気持ちが豊かになります。

隠れたそばの名店「夷川つるや」

こんな通りがあったのか。二条大橋の西のたもとに建つザ・リッツ・カールトン京都の西側の細道を北に上ると、ちょっとしたラビリンスになっています。

突き当りは京都市立銅駝美術工芸高等学校という、長い名前の市立高校で、その建物に沿って北へ上ったところに暖簾を挙げているのが「夷川つるや」というおそば屋さんです。

小さなお店にはカウンター席とお座敷席があって、割烹風の小粋な店構えですが、至極真っ当なおそばが適価で食べられるのがうれしいお店です。

ランチタイムにはお弁当や丼とセットになったメニューもあって、いつも賑わっています。お昼は予約ができませんので、開店と同時か、少し時間をずらすのがいいと思います。

天ぷらも得意なので、天丼とそばのセットメニューをお奨めしますが、更科か十割のせいろだけでも充分満足できます。こういう細道に名店が潜んでいるのも京都らしいところです。

町中華の隠れた名店「中華処琢磨」

路地裏のお店をもう一軒ご紹介しましょう。河原町荒神口の交差点からひと筋北の細道を西へ入ってすぐ左側にある「琢磨」は、いわゆる町中華の隠れ名店です。

やきめしも天津飯もやきそばも餃子も、なにを食べても適価でおいしい。これは路地裏の名店に共通して言えることだと思います。日替わり定食もお奨めですが、具沢山の五目そばはボリューム満点なのに、あっさりした味わいで、すんなりお腹におさまります。

人気のあるお店ですが、長い行列ができることもなく、さほどの待ち時間もなく入れるのもありがたいお店。ご夫婦で切り盛りされている、町中華のお手本かと思います。

第三章　洛西の名所を歩く

洛西の名所と言って、まっさきに浮かぶのが嵯峨嵐山です。

京都といえば嵐山。季節を問わず観光客の姿が絶えることはありません。洛東の「清水寺」参道と、嵐山渡月橋の歩道は、京都観光の人出がどの程度かを測るバロメーターとも言われています。

その嵐山の中核をなすのが「天龍寺」。世界遺産に登録されている古刹です。そしてもうひとつ、洛西で世界遺産に登録されているのが「龍安寺」。こちらも多くの観光客が訪れますが、少し離れた場所に建っていることもあって、嵐山のような喧騒とは無縁です。

対照的なところもあれば、共通点もある洛西のふたつのお寺を訪ねてみましょう。京都の洛西という場所がどんな意味合いを持っているのかがお分かりになるかと思います。

天龍寺と龍安寺

天龍寺の数奇な歴史に思いを馳せる

「天龍寺」は京都屈指の観光地として名高い、嵯峨嵐山の中心に建つ臨済宗の禅刹(ぜんさつ)です。嵐山界隈、渡月橋、亀山公園などもかつてはこの「天龍寺」の境内だったと言われていますから、広大な土地を持つお寺です。

この地はそのむかし、嵯峨天皇の皇后、橘嘉智子が開設した禅寺〈檀林寺〉の跡地で、寺が廃絶したあと、後嵯峨上皇が仙洞御所を造営し、さらにそののち亀山上皇が仮の御所を営んだと伝わっています。

その地に足利尊氏を開基とし、夢窓疎石を開山として開かれたのが「天龍寺」で、その目的は後醍醐天皇の菩提を弔うためだったようです。

嵐山嵯峨野歩きの出発点ともなるお寺ですが、最寄りの駅は通称嵐電、京福電鉄嵐山本線の終着駅である嵐山駅です。改札口を出ると目の前に「天龍寺」の緑が広がっています。

左手奥には嵐山の象徴とも言える渡月橋がありますが、まずは「天龍寺」にお参りしましょう。

臨済宗天龍寺派の大本山として知られ、世界遺産にも登録されています。京都五山第一位の格式を持つ由緒正しいお寺です。

このお寺の成り立ちを冒頭に書きましたが、歴史に詳しい方なら疑問に思われたかもしれません。足利尊氏と後醍醐天皇は北朝と南朝に分かれて、激しい権力争いを続けた間柄、ある意味では天敵でもあったのですから、尊氏が後醍醐天皇の菩提を弔うために「天龍寺」を建てたというのは、なにかの間違いではないか。そう思われるかもしれません。たしかに不思議ではありますが、そのあたりが日本人特有の感覚なのかもしれません。死なば仏、ということなのでしょう。一説には尊氏が後醍醐天皇の怨霊に悩まされていたので、恨みを鎮めようとしたのではないか、とも言われていますが、定かではありません。

ふたりのあいだに入った夢窓疎石の意向が働いてのことだったのではないかと、ぼくは思っています。

そんな経緯があったからでしょうか。「天龍寺」は何度も火災に遭いました。記録に残る大火だけでも八度、小さな火事を加えると数え切れないほどの火災に見舞われました。

その結果、元あったお寺のほとんどは焼失してしまいました。なかでも応仁の乱の被害は甚大で、長い年月を掛けて再興されたのですが、ようやく再建されようとしていた矢先に、蛤御門の変で伽藍が焼失してしまう、という不幸が襲います。

蛤御門といえば場所的には京都御所に関わる争いなのですが、紛争の当事者だった長州藩がここ「天龍寺」に陣を置いていたことで兵火に遭ってしまったのです。不運としか言いようがありませんね。

そんな歴史を頭に入れてから拝観しましょう。

天龍寺の庭園は二度愉しむ

嵐電の嵐山駅。斜め向かいの入口から入ると、参道のすぐ左手に〈妙智院〉があります。この塔頭は夢窓疎石との関わりが深く、貴重な資料を有することで知られているといいます。

入口の西側には桃山様式を色濃く残す山門が建っています。〈勅使門〉と呼ばれ「天龍寺」最古の建築物と伝わっています。銅板葺きの四脚門が印象的ですね。

門の西側に見える〈放生池〉には、夏の盛りともなれば水面いっぱいに蓮の花が咲き並び、極楽浄土もかくやと思わせる、みごとな夏景色を見せてくれます。

その池の北側にある塔頭が〈弘源寺〉です。もともとは「落柿舎」の場所にあったのですが、明治時代のなかごろにこちらへ移転したようです。どちらにしても「天龍寺」の敷地内なのです。どれほど広大な境内だったのか、想像もつかないほどですね。

こちらの本堂には、「天龍寺」に本陣を置いた長州藩士たちが試し斬りをした刀傷が残っています。寛永年間の造営で、元治の災禍をも逃れ、室町期や江戸期の遺構が残されている貴重な建築も、武士たちにとってはただの道場だったのかもしれません。

その西隣に建つ〈慈済院〉はちょっと風変わりな門で参拝客を迎えます。

〈来福門〉と名付けられた門は、中国風の龍宮造と呼ばれる建築形式で、傍らの石柱には〈水摺福壽大辦財天〉と刻まれています。来福、龍宮、福壽、と縁起のいい言葉が続きます。

境内には石柱の文字どおり〈弁天堂〉があって、そのお堂には夢窓疎石が一刀三礼を持って、自ら彫りあげたと伝わる弁財天が祀られています。

お堂の天井には雲龍が描かれていますが、有名な〈法堂〉の雲龍図とはやや趣きが異なります。こちらは無料で常時拝観できるのもありがたいところです。

いくらか小ぶりではありますが、にらみをきかせた龍が天井から迫って来ると思わずたじろいでしまいます。

〈慈済院〉のすぐ隣、練塀に続く山門は〈松巌寺〉への入口です。

境内に入ってすぐ左手には〈福禄寿〉をお祀りするお堂が建っています。

先の弁財天からは財福を授かり、〈福禄寿〉からは長寿、出世、開運を授かる。ありがたい塔頭が「天龍寺」の境内に並んでいるのは少し意外な気がします。

そのままっすぐ参道を進むと、右手に青銅で造られた観音さまが見えてきます。

これは〈飛雲観音〉と名付けられていて、太平洋戦争の航空戦で、空に散っていった戦没者の御魂を弔うために、仏師である西村公朝が刻んだものです。

宗派、宗旨を超え、思想を問わず万人が祈りを捧げるために、観音さまは左手に十字架を刻んだ火焔宝珠を持っています。嵯峨天皇のころから、昭和の戦争に至るまで、このお寺の長い歴史を物語る観音さまです。

その奥には〈八幡社〉、参道を挟んで反対側、左手には〈法堂〉が建っています。

元は〈選仏場〉、つまり仏さまを選別する場所だったのですが、座禅堂だった〈雲居庵〉の禅堂を移築して〈法堂〉としたのだそうです。いくらか難解なプロセスですね。

その経過はさておき、寄棟造に桟瓦葺きの建築は堂々たるものです。

江戸後期の建立と言われていますが、〈法堂〉の象徴とも言われる天井の雲龍図は一見の価値ありです。ただ公開日が限られていますので、事前に確認しておきましょう。

参道に戻って奥へと歩を進めると、左手に庭園受付があり、正面には庫裏受付があります。さてどちらへ行くべきかと迷うところですが、〈方丈〉には上がらず、庭園だけを歩くなら、左手から入りましょう。〈方丈〉からの庭の眺めも愉しみたいなら、庫裏受付へ、という仕組みです。

金額的には大差ないので、たいていの参拝客は庫裏の受付を選ぶようです。

受付を済ませ、靴を脱いで上がりこむと、衝立に描かれた達磨大師と目が合います。〈方丈〉の床の間の掛け軸にも描かれていますが、達磨宗である禅寺を象徴し、「天龍寺」の顔とも言えます。

衝立の傍に祀られているのは〈韋駄天〉像です。

仏法護持の善神と言われている〈韋駄天〉は、一刹那の間に宇宙を三周して、そのあいだに魔神を剪除し、食と法とを転ずる。そう説明書きに記されています。

刹那というのは仏教での時間の単位で、きわめて短い時間を言うのだそうです。つまりは一瞬のあいだに宇宙を三周するのですから、超高速ですね。足の速いひとや、絶えず走り回っているひとを〈韋駄天〉と呼ぶのはここからきているのです。

傍らの夢窓疎石の足跡をたどる日本地図を見ると、このひともまた〈韋駄天〉のひとりではないかと思えてきます。

〈方丈〉へと歩を進めます。

〈方丈〉は、大と小のふたつに分かれていて、〈大方丈〉は「天龍寺」最大の建築です。正面と背面に広縁を持ち、そこから広々とした庭園を眺めることができます。この眺めこそが「天龍寺」庭園なので、やはり庫裏受付から入るのが正解だと思います。

〈方丈〉は日がな一日いたとしても見飽きることはないでしょう。

ここから眺める庭園は、京都随一だと思います。嵐山や亀山を借景に取り入れた、雄大な庭園はほかでは得られない眺めです。視界いっぱいに広がる壮大な庭園は、心を晴れ晴れとさせてくれます。

〈大方丈〉の正面に向かってくるような気さえする〈曹源池〉は、緩やかなカーブを描く州浜が印象的です。この圧倒的な迫力は日本庭園としては珍しいのではないでしょうか。

作庭は当然のように夢窓国師です。わが国最初の史跡名勝に指定された、ということにも納得できます。この庭の眺めはおよそ七百年も前とほぼおなじ、だといいますから、たただ驚くばかりです。

〈曹源池〉の中央正面に見える〈龍門滝〉と呼ばれる三段の石組は、中国の登竜門の故事になぞらえています。

この龍門を上り切った鯉がいれば、それは龍になる。そんな故事を彷彿させる石組で、今は水は流れていませんが、もともとは実際に滝のように水が流れていたようです。

手前に見える石の橋は、なんと日本で一番古い石組の橋と言われていて、お釈迦さまを真ん中にして、左に文殊菩薩、手前下に普賢菩薩という姿、いわゆる釈迦三尊を表しているのですね。

そしてこの〈曹源池〉という名の由来ですが、作庭した夢窓国師が池の泥をあげていると、池のなかから〈曹源一滴泉〉と刻まれた石碑が現れたことによると伝わっています。

この庭は池泉回遊式庭園ですが、〈方丈〉より西の方角に位置し、西方浄土を再現していることから、浄土式庭園でもあります。よく計算して造られた庭だということが分かります。

庭をじっくり眺めたあとは、廊下を伝って〈多宝殿〉へと向かいます。石段と、すのこを敷いた廊下を交互に歩くと、途中の庭に多彩な花々が植えられているのが目に入ってき

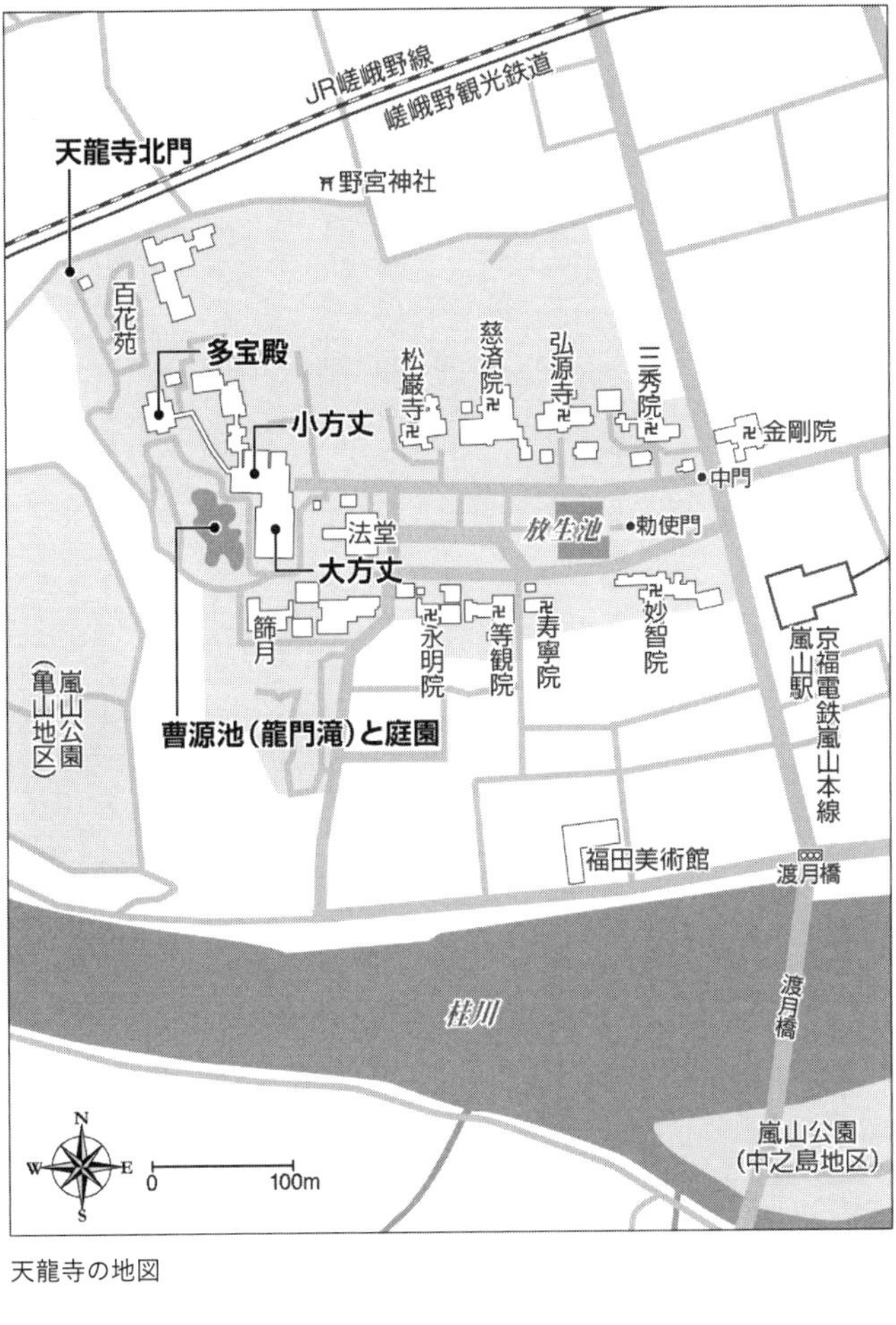
JR嵯峨野線
嵯峨野観光鉄道
天龍寺北門
野宮神社
百花苑
多宝殿
小方丈
大方丈
法堂
松厳寺
慈済院
弘源寺
三秀院
金剛院
中門
放生池
勅使門
妙智院
寿寧院
等観院
永明院
篩月
曹源池（龍門滝）と庭園
嵐山公園（亀山地区）
嵐山駅
京福電鉄嵐山本線
福田美術館
渡月橋
桂川
嵐山公園（中之島地区）
N
S
E
W
0
100m

天龍寺の地図

ます。

ここには大堰川から引かれた小さな流れがあって、いかにも涼やかな眺めです。〈曹源池〉を中心に据えた広大な庭園とは対照的に、この廊下の両側に顔を覗かせる瀟洒な庭園は、京町家における坪庭のような愛らしさを見せてくれます。平戸ツツジ、ノリウツギ、キキョウなどなど、源氏物語にもゆかりの、日本庭園ならではの花々が彩りを添えています。壮大な庭園もいいですが、こういう小さな庭にも強く魅かれます。

後醍醐天皇の尊像を祀る〈多宝殿〉を拝観して、入口に戻ります。

ここまではいわば池泉観賞式庭園ですが、庭園入口で半券を提示したあとは、池泉回遊式庭園という形になります。

おなじ庭であっても、〈方丈〉から観るのと、実際に庭をそぞろ歩きながら鑑賞するのとでは、ずいぶんと趣きが異なります。なるほど、日本庭園とは実によくできた形式だなと感心しつつ、北門から境内を出ます。

元祖京の湯豆腐屋「西山艸堂」

「天龍寺」の門前にあって、この界隈の湯豆腐屋さんの元祖的存在なのが「西山艸堂」です。今更ここでご紹介するまでもないのですが、やはり「天龍寺」を参拝して行き帰りに、となれば外せないお店です。

侘びた小さな門に掛かる暖簾をくぐると、いかにも嵐山らしい風情の小径が続き、お店へと誘ってくれます。ちなみにこのお店からも「天龍寺」の境内に通り抜けることができますので、ここで湯豆腐を食べてから拝観するのもいいでしょう。

いわゆる入れ込み式のお座敷ですが、足が不自由な方には座敷用の低い椅子も用意してくれますので、頼んでおきましょう。いつも混み合うので予約は必須です。

湯豆腐定食には豆腐や野菜を使った前菜が付いていて、メインの湯豆腐まで食べると思った以上にお腹がふくれて満足感があります。なによりうれしいのは嵯峨豆腐の名店「森嘉」のお豆腐を使っていることです。京豆腐と名が付いたお豆腐はたくさんありますが、京都らしい豆腐と言ったら、この「森嘉」の右に出る店はない、というのが定説です。冬はもちろん、夏の暑い盛りに湯豆腐というのも乙なものです。

本格精進料理をいただくなら「天龍寺篩月」

湯豆腐もある意味で精進料理のひとつに数えられますが、本格的な精進料理を食べるなら、「天龍寺」直営の「篩月」がいいでしょう。

二百五十人まで入れるのですが、人気店なので満席になる日も少なくありません。かならず予約してから出かけましょう。

一汁五菜の雪コースから、月、花と三種類のコース料理があります。予算とお腹の具合に合わせて選べるのもありがたいです。

ミシュランガイドのビブグルマンにも選ばれているお店ですから、期待を裏切られることはないはずです。今風に言えばヴィーガン料理ということになるのでしょうか。禅寺ならではの精進料理をぜひ味わってみてください。

保津川を眺めながらお食事を「亀山家」

嵐山を嵐山たらしめているのは保津川の流れです。大堰川の中流である保津川は川下りの舟遊びで知られるほどの急流ですが、渡月橋の手前でおだやかな流れになり、渡月橋から下流は桂川と呼ばれます。もっとも河川法では保津川も桂川なのですが。

そんな保津川の流れを眺めながら食事を、となるとたいてい高級店になり、気楽に足を運ぶのを憚られることが多いのですが、保津川下りの着船場近くの「亀山家」なら、手頃な価格でランチを愉しむことができます。

川の岸辺に建つ茶店の入口には、床几が置かれる横に自販機が並ぶという、のどかな風情を漂わせています。

とかくこういう景観のいいお店は割高になるものですが、このお店は観光地とは思えない価格で、天ぷらうどんやにしんそば、親子丼などはいずれも千円以下ですし、夏場限定のかき氷も数百円というリーズナブルなものです。

保津川の流れを横目にし、川風を頰に受けながらかき氷で涼をとる。そんな過ごし方ができるお店です。

ふたつの庭が愉しめる龍安寺

「龍安寺」といえば石庭。石庭といえば「龍安寺」。

お寺と石庭がこれほど重なり合うことも珍しいのではないでしょうか。

しかし石庭ばかりに気を取られていてはいけません。木を見て森を見ず、ではありませんが、お庭全体を観て、初めて「龍安寺」の価値が分かろうというもの。世界遺産に登録されたのは石庭だけではありません。

「龍安寺」の創建は宝徳二年。細川勝元の手によって建てられました。

しかしながら、この寺もまた例外ではありません。応仁の乱で焼失してしまったのです。あの寺も、あの神社も、みんな応仁の乱の被害に遭っています。京都人が〈この前の戦争〉と言って、第二次世界大戦ではなく、応仁の乱のことを言うのは、お決まりの冗句ではなく、心底あの応仁の乱を恨んでいるからなのです。

あの戦さえなければ、あれもこれも残っていたはずなのに、と唇を噛んで悔しがっているのです。

再建して、また焼失して、を京都中のお寺や神社は繰り返してきました。だからこそ、少々の災厄は乗り越えることができ、参拝者から崇拝されるのです。

さて「龍安寺」の代名詞ともなっている石庭。方丈庭園と呼ばれていますが、お寺全体で言うと、北の奥のほうに位置しています。拝観受付を入ってすぐ広がるのは、池泉回遊式庭園である〈鏡容池〉です。順路からいけばこちらが先なのですが、やはり石庭が気になるでしょうから、こちらはあとに回します。

山門をくぐり、池を左手に眺めながらまっすぐ進みます。〈三笑橋〉をわたり、池の北側からまっすぐ続く道をたどれば、やがて石庭を擁する〈方丈〉へと行き着きます。

石庭はさまざまな謎を秘めていると言われ、その意匠に込められた意を解釈する説はあまたあります。

三方を油土塀に囲まれ、わずかに十五個の石を配置しただけの枯山水庭園に、なぜひとはこれほど魅入られるのでしょう。この庭と対峙してなにを思うかは、きっとひとそれぞれだと思いますが、多くは寡黙になってしまいます。もちろんそれは他のひとに迷惑を掛けないように、との配慮もあると思いますが、自分自身と向き合うことで、言葉をなくすのではと考えています。

室町時代の絵師で、連歌師でもあった相阿弥の作とも言われますが、定かではありません。代々足利将軍家の同朋衆を務めた家系ですから、あながち的外れではないでしょうね。

石庭に秘められた四つの謎

〈虎の子渡しの庭〉、あるいは〈七五三の庭〉と呼ばれるこの石庭には、四つの謎が秘められています。

ひとつ目の謎は、この石庭そのものの解釈です。

広さは七十五坪と言われていますから、お寺の庭としてはかなり小さいほうです。その至極小さな石庭に配された十五個の石。そしてその周りを囲むようにちりばめられた白砂は、いったいどんな意味を持っているのか。今となってはこれが正解だという答えは見つけられません。鑑賞する側の解釈に委ねるしかないのです。

ふたつ目の謎は石庭を囲む油土塀です。

もしもこの石庭に油土塀がなかったなら、どんな光景になったでしょう。広々とした庭園のなかに、この石が並んでいたなら、きっとこれほど注目されなかったでしょう。

掛け軸にたとえるなら表装ですし、額の絵で言えばフレームですね。いかにしてその作品の魅力を引き出すかという役割を、ここでは油土塀が担っています。鈍い色合いの塀があるからこそ、白い庭が引き立つのです。作庭者が相阿弥だとするなら、この油土塀も庭に合わせて建てたのでしょうか。

三つ目の謎はその作庭者です。

相阿弥の名を挙げましたが、確たる証拠もなく、ほかにも細川勝元や金森宗和の名を挙げる学者もいます。配された石の裏に刻印があって、そこに作庭者につながるヒントが隠されていると、まことしやかに言われていますが、それもまた謎のままです。

四つ目にこの庭の設計。これもまた謎を秘めています。

ぼんやり見ているだけでは分かりませんが、この石庭は水平ではなく、わずかに傾斜を付けてあります。

おそらくそれは水はけのためなのでしょうが、傾斜が付いていることで、遠近法を利用した錯視を誘う仕掛けにもなっています。

石庭の右手の油土塀は、手前から奥に向かって低くなるように建てられていて、それを合わせ技として、奥行きを深く見せています。

庭の幅はおよそ二十五メートル、奥行きは十メートル。小さめのプールとおなじ広さとはとても思えません。まだ遠近法という西洋的な概念がなかっただろう時代に造られた庭を、誰がどういう意図で設計したのか、謎は深まるばかりです。

龍安寺の石庭以外の見どころ

そしてこの庭には、春になるとさらに素晴らしい演出がなされます。

〈方丈〉から観て、石庭の真正面の油土塀の上から、覆いかぶさるようにして、枝垂れ桜の花が咲きます。

かつては隠れ桜とも呼ばれ、知る人ぞ知る存在でしたが、すっかり有名になってしまったので、桜のころは混雑必至です。この桜をお目当てにするなら、朝一番の開門と同時に入りましょう。

石庭のあとは、来た道を戻り、〈鏡容池〉へと向かいます。

〈鏡容池〉は境内のほぼ南半分を占める広大な池泉回遊式庭園です。

江戸時代の観光案内書で知られる〈都名所図会〉にはおしどりの名所として紹介されていますが、当時はおしどりが人気だったのでしょうか。たしかに愛らしい姿をしていますが、今の時代はわざわざおしどり見物に出かけるひとは少ないだろうと思います。

少しばかり不思議に思って調べてみると、こんな逸話が残っていました。

むかしこの辺りに住んでいた山猟師が、群れ集うおしどりの雄を一羽撃ち落としたところ、残された雌鳥が嘆き悲しみ、狂ったように空を舞って〈方丈〉の裏へ墜ちて死んでしまいました。その愛情の深さに打たれた里人は、雌鳥が落ちて死んだ場所に雄鳥と雌鳥二羽の遺骸を埋め、おしどり社を作って供養したのだそうです。

それゆえ〈鏡容池〉は別名をおしどり池とも呼ぶそうで、仲の良い夫婦のことを俗におしどり夫婦と言いますが、この池を訪れると夫婦円満のご利益があるかもしれませんね。当時はそれを目当ての参拝客が多かったのかもしれません。

時代時代で観光の対象が変化するというのも興味深いものです。

石庭人気に押されていますが、〈鏡容池〉の西側から眺める衣笠山の景色は実にみごとで、とりわけ遠山桜のころや、山が紅く染まる紅葉の季節の景観は見ごたえがあります。

〈鏡容池〉には三つの島が浮かんでいます。東側の岸辺近くにあるのが〈伏虎島〉。虎が伏しているように見えることからその名が付いたと言われていますが、それらしくは見えません。当時と島の形が変わったのでしょうか。

真ん中に浮かんでいる大きな島が〈弁天島〉です。

島の上に建つ社には、弁財天を本尊として、毘沙門天と大黒天を従えています。三つの天は弘法大師の作と言われ、秀吉が礼拝していたと言われています。となると「延暦寺」の項でご紹介した三面大黒天に相通じるものがありそうです。

この〈弁天島〉には橋が架けられていますので、ぜひわたってみましょう。

島からの眺めは、外周から観るのとはまた違った景色を見せてくれます。

〈弁天島〉のすぐ西側に浮かぶ島には、特に名前は付けられていないようですが、ここに建っている五輪の塔は真田幸村の墓と伝えられていますが、残念ながら公開されていないので、それをたしかめることはできません。

池の南側東寄りにふたつの石というか、岩が顔を出しています。この辺りにはかつて山の水が流れていて、この池が灌漑用として作られた名残だと言われています。〈水分石〉と呼ばれていて、南東の山門方向に流れる水と、南西に流れていく水が分かれていた地点を示す石なのです。

〈鏡容池〉の辺りの庭はかつて徳大寺家の別荘だったと伝わっています。平安貴族たちはきっとこの池に舟を浮かべて花見や紅葉狩りを愉しんだのでしょう。

平安風流の庭が、禅寺の庭に変わっても、その美しさは色あせることなく、長く続くものだと思うと感慨もひとしおです。

〈鏡容池〉の南西からは池越しに衣笠山が望め、山と池庭が一体になって、たおやかな景色を生み出しています。

京都の桜名所として「龍安寺」の名が挙がることは、さほど多くありませんが、桜のころに京都を訪れたなら、ぜひ足を運んでみてください。ほかとはひと味違った桜を愉しむことができます。

〈方丈〉の前の八重桜も艶やかな花をたっぷり付けますし、〈鏡容池〉にその姿を映す桜も清らかに花を咲かせます。

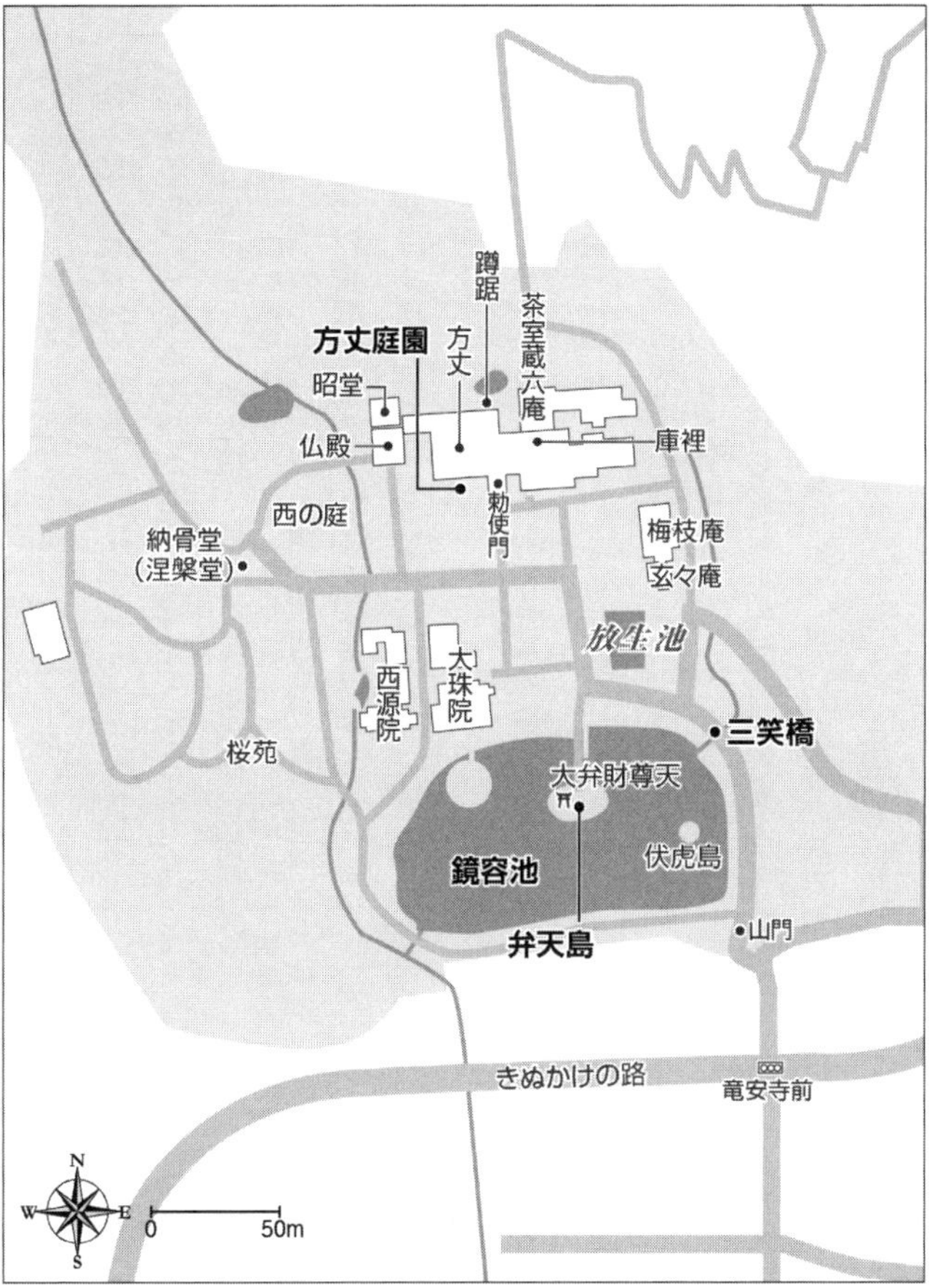
蹲踞
茶室蔵六庵
方丈庭園
方丈
昭堂
仏殿
庫裡
勅使門
西の庭
納骨堂
(涅槃堂)
梅枝庵
玄々庵
放生池
西源院
大珠院
三笑橋
桜苑
大弁財尊天
伏虎島
鏡容池
弁天島
山門
きぬかけの路
竜安寺前
N
W
E
S
0
50m

龍安寺

しかし極めつきとなれば〈桜苑〉の桜です。

〈桜苑〉は〈鏡容池〉の西側、〈方丈〉の南西方向にあります。

小路を歩けば、まるで桜が空から降って来るような、そんなみごとな花景色が観られます。歩けど歩けど、ずっと桜が続くさまは幽玄の世界です。

桜咲く春はもちろんですが、新緑が鮮やかなころもいいですし、桜葉が色づく紅葉のころもまた違った景観を眺めることができます。

無機質とも言える石庭が、思索を促す場だとすれば、〈鏡容池〉は思索から解き放ってくれる場だと言えるでしょう。

「龍安寺」といえば石庭しか頭に浮かばなかったかもしれませんが、池のある庭との対比もぜひお愉しみください。

ワッフルが名物のカフェ「山猫軒」

「龍安寺」を出るとすぐ目の前に二車線の道路があります。これは〈きぬかけの路〉と名付けられた観光道路で、「金閣寺」から「仁和寺」まで続いています。

古く宇多天皇が真夏なのに雪見をしたいと無理を言い、別名をきぬかけ山と呼んだ衣笠山に絹布を掛けたと伝えられる故事にちなんで名付けられました。この道を左手「金閣寺」方向へ二分ばかり歩いたところにあるのが「山猫軒」。ぼくが学生のころからあるカフェです。

創業当時からの名物はワッフルですが、パスタやカレー、サンドイッチなどのランチメニューも人気です。

道路からは階段を下りて半地下のようになっていますが、大きな窓があって日差しがたっぷり入る明るいお店ですから、広々とした空間で心地いい時間を過ごせます。

おだしが染みる京のコシ抜けうどん屋「笑福亭」

「龍安寺」を出て南へ、嵐電の龍安寺駅へと向かう道筋にあるうどん屋さんが「笑福亭」です。

鍋焼きうどん以外はすべて千円以下というお値打ち価格で、京都ならではのおだしがきいたうどんを食べられます。

小ぢんまりしたお店を以前はご夫婦で切り盛りされていたと記憶しますが、最近ではおばあちゃんがひとりのようです。

俗に京のコシ抜けうどんと呼ばれるように、やわらかいうどんはつゆの味がよく染みて、食べるとほっこり心が和みます。

井上靖が贔屓にしていたという老舗ながら至極気楽なお店で、しかし麺もだしも味は真っ当なのがうれしいところです。たぬきうどんやのっぺいうどんなど、だしの味がよく分かる餡かけ系を特にお奨めしておきます。

野菜作りから手掛ける「京つけもの富川」

「龍安寺」の目の前にある漬物屋さんは、老舗というわけではありませんが、真っ当な商いが人気を呼んで、じわじわとファンを増やしているお店です。

京都郊外に農園を持ち、野菜作りから手掛けている漬物は手作りならではのおいしさ。京漬物をお土産にされるならこのお店がお奨めです。

お店にずらりと並んだ漬物を見ていると、どれにしようかと迷いますが、お店の方にその時々のお奨めを訊ねるのがいいでしょう。

長いもキムチやこんにゃく紫蘇漬などの変わり種もあり、漬物屋さんなのにソフトクリームを食べられるイートイン席もあって、思いがけぬ愉しみにも出会えます。支店もデパ地下店もないようで、ここでしか買えないというのも魅力のひとつですね。

嵐山と嵯峨野

洛西には、西芳寺と高山寺、あとふたつの世界遺産に登録されたお寺がありますが、西芳寺はその独特な拝観方法があり、高山寺は洛西から少なからず離れていますので、ご紹介するのは機会を改めることにします。

多くが訪れる嵐山から嵯峨野へとたどることにしましょう。

ふたつ手前の駅で降りると出会える古刹

先にも書きましたが、名勝嵐山は「天龍寺」からはじまります。その斜め前にある嵐電の嵐山駅はいわば嵐山の玄関口ですから、いつも大勢の乗客で混雑しています。

そのふたつ手前の駅、鹿王院駅は乗降客も少なく、ひっそりとしていますので、ここで降りてここから嵐山散策を始めるのも一興です。

改札を出て南へ歩き、ふた筋目を右、西へ曲がって道なりに進むとやがて「鹿王院」の山門にたどり着きます。クランク状になった細道ですから、迷うかもしれませんが、近所のひとに訊ねればすぐに分かるはずです。

古色蒼然という言葉が似あう立派な山門が迎えてくれます。

その山門には足利義満が揮毫したと言われる、覚雄山と書かれた扁額が掛かっています。つまりこのお寺を創建したのは義満なのです。

ある晩、義満は悪い夢を見ます。今年はかならず大病を患う、というお告げがあったのです。

驚いて目覚めた義満でしたが、考えてもしかたがないとばかり、再び眠りに就きました。するとまた夢の中でお告げがありました。

―ひとつ伽藍を建立すれば、たちまち病は治まり、命を永らえることができるだろう―

翌朝目覚めた義満は起床とともに行動を起こします。心を寄せていた普明国師を開山として、寺を創建しようと思い立ったのです。

こうして康暦二年に建立されたのが宝幢寺というお寺で、「鹿王院」は当時その寺の一塔頭に過ぎませんでした。

その後宝幢寺は応仁の乱が切っ掛けで廃絶し、「鹿王院」だけが残ったというわけです。山門をくぐると、石畳の参道がまっすぐに延び、その両側から深い緑が覆いかぶさってきます。

新緑のころは鮮やかな緑が映え、秋ともなれば紅葉に参道が紅く染まるほどの美しさをたたえます。

嵐山、嵯峨野を訪れるひとはたくさんおられますが、その少し手前に建つこの古刹を参拝されないのはもったいないと思い、ご紹介している次第です。

樹木に埋もれるように、しんと静まり返る参道がこれほど長く延びる光景は、他に類を見ないと思います。

青い苔に覆われた石畳の参道を歩くだけでも充分訪ねる価値はありますが、ほかにも見どころはたくさんあります。

侘びた風情の中門をくぐり、受付を通って庫裏へと進むと、韋駄天像が迎えてくれます。

客殿へと上がり込んでお庭を眺めてみましょう。

細やかな仕掛けなどない、おおらかな庭が清々しい眺めを広げています。

何を考えるでもなく、かといって悟りを開こうなどという気持ちもなく、ただただ、ぼーっと眺めていられる庭というのも貴重なものです。

そんな庭を見下ろすかのように、客殿の軒下に掛かっている額の三文字、「鹿王院」もまた義満の筆です。

庭の右手に建っている舎利殿ですが、どこか見覚えがありませんか。

色こそ違いますが、「金閣寺」を思わせる造りに見えるでしょう。それもそのはず、これは嵯峨の金閣とも称され、別名を駄都殿と呼ぶお堂です。

「金閣寺」を建立した義満は、この舎利殿を手本として金閣を造らせたと言われていますから、似ていて当然ですね。

客殿から渡り廊下を伝って舎利殿へと向かう途中に建っているのが本堂です。

ここには釈迦如来像や、鎌倉時代に仏師運慶が手掛けたと伝わる釈迦十大弟子の像が鎮座しています。

舎利殿に入ってまず目につくのが金色に輝く宝塔です。

宋の国から伝来したと言われる仏牙利舎が祀られ、それを護るようにして、四天王の像が宝塔の四方に飾られています。

涅槃図や十六羅漢図をはじめとして、精緻な細工が施された天蓋など、舎利殿は見ごたえがありますので、じっくりと拝観したいものです。

客殿に戻って、あらためて庭園を眺めると、嵐山を借景にしていて、余分な仕掛けがないせいもあって、見飽きることがありません。

夏の始まりを告げる沙羅双樹の花も、この庭園の風物詩となっています。夏椿とも称される白い花が、庭の眺めに彩りを添える時季にも足を運びたいものです。

「鹿王院」というお寺の名前は、義満が伽藍を建てようとしたとき、たくさんの白鹿が現れたことから名付けられたと伝わっています。そしておなじく義満が建立した「金閣寺」もまた、正式名称は「鹿苑寺」で、鹿の文字が入っています。義満の戒名は鹿苑院殿ですから、よほど鹿と縁が深かったのでしょう。鹿の名が付くふたつの寺を見比べてみるのも一興です。

角倉稲荷神社で角倉了以と安倍晴明の足跡を探そう

「鹿王院」を出て嵐山駅へ向かう道すがら、ふたつの小さな隠れ神社がありますので、参拝しておきましょう。

ひとつは「角倉稲荷神社」。

「鹿王院」の山門前の道をまっすぐ西へ進み、道なりに歩けば嵐電嵯峨駅に出ますので、そこから嵐山駅へ向かいます。少々分かりにくいのですが、その途中に瑞垣が見えると思いますので、通りの左右をよく見ながら歩いてください。

運よく瑞垣が見つかれば、その奥に石の鳥居が見えるかと思います。

ここが「角倉稲荷神社」角倉了以の一族が建てた邸内神社です。今は児童公園になっていて、その一隅に過ぎませんが、かつてはきっと大きな邸宅のなかで存在感を放っていたのでしょう。

嵯峨出身の角倉了以は、高瀬川の開削をはじめ、数々の事業を興した人物です。

江戸幕府が開かれたわずか三年後には、嵐山を流れる保津川、すなわち大堰川を開掘し、三十数キロも上流から嵯峨までの舟運に関する権利を得ました。自ら石割斧を振るったと伝わり、その並々ならぬ努力の甲斐あって、開削を始めてから、たった半年後に竣工させたのです。

そんな偉人を祀る神社にしては、質素に過ぎると思いますが、莫大な資金を投じて、京都の西と東の川を開き、いくつもの事業をも興し、京都随一の豪商と称された了以には、存外ふさわしい神社なのかもしれません。

児童公園と境内がおなじという親しみやすい神社の本殿には、天満宮、玉宮大明神、正一位稲荷大明神が合祀され、稲荷神社となっています。

この界隈の町名は角倉町。町の名と神社を控えめに残す。ほんとうの偉人とはこういうひとのことを言うのですね。

この「角倉稲荷神社」と背中合わせに墓所があります。

いったい誰のお墓かと思えば、なんと安倍晴明なのです。

「安倍晴明公嵯峨御墓所」と記されています。初めてこのお墓を見たときは、あまりの驚きに声を上げてしまいました。なぜこの場所に、あの安倍晴明が眠っているのか、不思議でしかたありませんでした。

安倍晴明といえば堀川一条に建つ「晴明神社」がよく知られています。その辺りにあるのなら分かるのですが、嵐山の目立たない場所にお墓があるのはなんとも不思議な話です。

ここはもともと「天龍寺」の社領だったようで、いくつかの塔頭が建っていたと思われます。となると、その塔頭のどこかに安倍晴明の墓があったとしても、おかしくはありません。塔頭は廃絶されて墓だけが残った、という経緯だったようです。

そしてこの土地を譲り受けた「晴明神社」が飛地境内としたのでしょう。

石の瑞垣の傍らには〈陰陽博士 安倍晴明公嵯峨御墓所〉と刻まれた石碑が立っています。墓石に五芒星が刻まれているのも、いかにも晴明らしいところです。墓石を囲むようにして寄進者の名を書いた瑞垣が並び、そこにも五芒星が描かれています。

稀代の陰陽師として名を馳せ、多くの為政者に影響を与えた清明のお墓が、なぜこんな目立たぬ場所にひっそりと佇んでいるかも謎です。

角倉了以と安倍晴明。京都の歴史に名を残したふたりの足跡が、名勝嵐山に隠れるようにして建っているのも、京都らしいところです。

嵐山と渡月橋

さて、嵐山といえば渡月橋。嵐山のシンボルと言ってもいい橋は、桂川の左岸と、中州である中ノ島公園の間に架かっています。全長は百五十五メートルと言いますから、三条大橋の二倍ほどの長さです。

欄干こそ木造ですが、橋自体は鉄骨鉄筋コンクリート桁橋という丈夫なものです。

承和三年に道昌という僧侶によって架橋されたのが始まりで、その当時はもっと上流に架かっていたそうです。

もともとは橋の南にある「法輪寺」への参道となっていたことから法輪寺橋と呼ばれていました。鎌倉時代になって亀山上皇が橋の上の空を動いていく月を眺め、

―くまなき月の渡るに似る―

と言ったことから渡月橋という名が付きました。

この辺りでは洪水が相次ぎ、何度も橋は流失し、応仁の乱などの戦乱によって焼失することもありました。

そんな橋を保津川の開削工事に合わせて、今の場所に架け替えたのが、さっきの神社に祀られている角倉了以です。慶長十一年のことですから、四百年ほど前からこの場所に渡月橋は架かっているのです。

嵐山という地名は、愛宕山から吹き下ろす愛宕おろしによって、紅葉や桜の花が嵐さながらに吹き散らされることから名付けられたとも、この周辺が月読神を奉った歌荒樔田という場所ではないかと言われ、その荒樔田にある山ゆえ、あらす山、それがなまって嵐山になった、とも言われています。

いずれにせよ、嵐との関わりが深く、そのせいでしょうか、たびたび台風の被害を受け

る場所としても知られるようになりました。花に嵐のたとえもあります。風あってこそ花や紅葉も風情を漂わせるのですから、景勝の地として嵐山が人気を呼んでいるのは当然のことなのです。

シンプルな王道カレー「嵐山カレー」

最近の京都はカレーブームと言ってもいいほど、新しいカレー屋さんが次々とできています。その多くがスパイスを多用した本格派と呼ばれるカレーで、むかしながらのカレーとは少し趣きが異なります。

本場南インド風だと、スパイシーなキーマカレーなどのこだわり系カレーが人気を集めているようで、ふつうのカレーにはあまりスポットが当たらないせいか、食べ飽きることなく、ほっこり和むようなカレーにはなかなか出会えません。

嵐山を散策していて偶然出会ったこの「嵐山カレー」はまさに、王道カレーでした。

適度な辛さとほんのりした甘さで、濃いめの茶色をしたカレーはどこか懐かしさを感じる味わいです。

お店の外観も店内もどこにでもある喫茶店風で、あまり映えないせいでしょう。混み合うことがないのもうれしいところ。トロッコ嵯峨駅のすぐそばにありながら観光地価格ではなく、手頃な価格で王道カレーが味わえます。

お奨めは牛すじカレー。じっくり煮込まれただろうすじ肉がたっぷり載っていて、刻みネギがトッピングされているのがこの店流。今どきの凝り過ぎたカレーとは一線を画す「嵐山カレー」はある意味で京都らしいお店です。

昭和の香りが漂うカフェレストラン「赤マンマ」

嵐電の嵐山駅から駅前通りを北へ上って五分ほど歩いたところに建つ「赤マンマ」は、昭和の香りを色濃く残すカフェレストランです。

白い洋館に赤いテントが印象的な建物は、ＪＲ嵯峨野線の踏切近くでよく目立ちますから迷うことはないでしょう。

京都でおしゃれなカフェレストランの走りだと思います。若いカップルのデートスポットとしても長く人気を保ち続けています。

アンノン族という言葉が流行していたころは、嵐山で最も人気がある店として紹介されていましたが、そのころから料理がおいしい店として京都人に支持されています。

吹き抜けになった天井からはクラシックなシャンデリアがさがり、いくつもの窓から外光が入る空間で落ち着いてランチを愉しめます。

お奨めはむかし懐かしいハッシュドビーフランチ。ミニサラダとコーヒーが付いていますから、ワインの一杯も足せば格好の嵐山ランチになります。

自家製のケーキをはじめとしたスイーツも充実していますから、歩き疲れたときのいっぷくにも便利です。

むかしながらのお寿司屋さん「嵐山　大善」

渡月橋の北のたもとから三条通を東へ歩いて、十分足らずの通り沿いに建っているのが「嵐山　大善」。古くから地元で愛されているお寿司屋さんです。

にぎり寿司もありますが、鯖寿司をはじめとした京都ならではの棒寿司や押し寿司、ちらし寿司などがお奨めです。

懐かしさを感じさせる造りの小さなお店ですが、さほど混み合うことはありません。カウンター席やテーブル席で京都らしいお寿司をじっくり堪能できます。

お竈さんが使われているのもむかし風でいいですね。このお店では湯炊きというやり方で炊いたシャリを使っているそうですが、寿司めしがふうわりとしているのはそれゆえかもしれません。

鮎や筍、鱧などの季節の食材を使ったお寿司もこの店の名物です。持ち帰りもできるので、中之島や川べりのベンチで食べるのも一興です。

嵯峨野歩きは天龍寺から

「天龍寺」の北門を出たところから嵯峨野歩きが始まります。

北門を出ると、道は左右に分かれます。左に進めば嵯峨野を象徴する竹林に至りますが、その前に右手へと進み「野宮神社」を目指します。

初秋の一日。旅をしていた僧侶が嵯峨野歩きの道すがら、伊勢斎宮の精進処とされていた野の宮の旧邸に足を踏み入れたことから物語が始まります。

古びた黒木の鳥居をくぐって、小柴垣などを眺めながら参拝すると、榊を手にした上品な里女が現れました。その女は僧に向かって
―毎年かならず今日の日にこの野の宮において、古き日を思い出しながら神事を行っている。その邪魔になるから立ち去って欲しい―

と言いました。それを聞いた僧侶は、

―古き日を思い出すというのは、どういうことですか―

と訊ねました。答えて女は、

―かつて光源氏の君がこの地野の宮に籠っていた六条御息所を訪ねてきたのが、今日この日なのです―

そう答えて、御息所の物語を懐かし気に語るとともに、自分こそがその御息所なのだと明かし、やがて姿を消してしまいました。

しばらくして現れた里人から、光源氏と六条御息所の話を聞かされた僧侶は、御息所の供養を始めました。

そうすると、牛車に乗った御息所の亡霊が現れるのです。

―賀茂の祭りで行列を見物していたら、源氏の正妻である葵上一行からひどい仕打ちを受け、耐えられないほどの屈辱を受けました。その恨みは晴れることなく今に続いています。こんなわたしを救うために回向してもらえませんか―

そう僧侶に懇願します。

そんな能の演目〈野宮〉そのままに、「野宮神社」は嵯峨野を哀愁漂う地に染めているようです。早速お参りしましょう。

最初に黒木の鳥居をくぐります。クヌギの木の皮を剥かずに使う鳥居は、日本の鳥居のなかで最も古い様式とされています。傍らにある小柴垣はクロモジの木を使っていますが、源氏物語にもそう書かれていますから、忠実に再現したのでしょう。

――ものはかなげなる小柴垣……黒木の鳥居どもは、さすがに神々しう……――

源氏物語の賢木の帖にはそう描写されています。

今では縁結びのご利益がある神社として知られていて、境内の大黒天さまにお参りして、その横に鎮座するお亀石を撫でると、一年以内に願い事が叶うと言われています。

竹林を抜けると寂光が待っている

そんな「野宮神社」を出て、来た道を戻りましょう。

先ほど通った「天龍寺」の北門を再度通り過ぎると、やがて嵯峨野で最も人気が高い竹林へと続きます。

嵯峨野一の名景と称される竹林は、ドラマやコマーシャルなどによく使われますから、国の内外を問わず多くが憧れ、いつも賑わっています。

「野宮神社」辺りから「大河内山荘庭園」に至るまで、およそ四百メートルにわたって竹林の小径が続きます。

道の両側には柴垣が張り巡らされ、空をも隠すほど高い竹が風に揺れる光景は、絶景と言っても過言ではないほどみごとな眺めです。

さわさわと吹く風が笹を揺らし、その隙間から日差しが洩れて、きらきらと輝きます。

この光景に出会うためだけに嵯峨野を訪れてもいい。誰もがそう思うでしょうね。

竹林を満喫したころ、道が二股に分かれます。ここを左手のほうに上っていくと「大河内山荘庭園」へとたどれます。昭和を代表する名優、大河内伝次郎の別荘を庭園にしていて、広く一般に公開されています。いっぷくがてら立ち寄って茶菓を愉しむのも一興です。

右手に進むと深い緑に覆われた下り坂の細道。すぐ下を見下ろすと山陰線を走り抜ける電車を見ることができます。

木々を抜けると、一気に視界が開け、小さな池が見えてきます。これが小倉池。小倉百人一首を編纂した藤原定家はこの近くに住んでいました。こんなのどかなところに住まい、日がな一日、歌を詠んで過ごすという優雅な暮らしを続けていたのでしょう。

ここから先はお店が点在していて、少しばかり俗世間に引き戻されますが、これもまた

『歩いて愉しむ京都の名所 カリスマ案内人が教える定番社寺・名所と味めぐり』正誤表

本書にて以下の誤りがございましたので、謹んで訂正致します。

読者の皆様ならびに関係者様にご迷惑をおかけしましたこと、深くお詫び申し上げます。

【該当箇所①】P.287 洛南MAP内の松屋さんの位置情報

［誤］

［正］

【該当箇所②】P.289 松屋さんの店情報

［誤］

城陽市長池北清水27
📞0774-52-0031
9：00〜18：00
定休日 火曜

［正］

京都市下京区七条通烏丸西入東境町190 1F
📞075-371-5151
8：00〜17：30
定休日 水曜・木曜不定休

観光地の宿命。そう思って足早に通り過ぎるのがいいかと思います。

先に進むと「常寂光寺」の山門が見えてきます。

寂光とは、理と智、ふたつの徳を表す言葉で、それによって得られる安らかで静かな光をいう仏語だそうです。

深い緑を湛える小倉山を背景にする古寺は、どっしりした風格を備えています。春から夏のあいだは青いもみじを、秋には紅葉の隙間を縫うようにこぼれてくる日差しは、まさに寂光です。常に寂光、心が晴れやかになる素敵なお寺です。

山門をくぐると、なだらかな石段が続き、やがて風情漂う茅葺の仁王門が見えてきます。

江戸初期に「本圀寺」の門を移築したものと伝わり、門の両脇にひかえる仁王さまは、若狭小浜の「長源寺」からやってきたと言います。

お寺の門や仏像、あるいは伽藍もこうして移動することはよくあったようです。融通し合ったのでしょうが、その移送や組み立ても当時は容易ではなかったと思うのですが、新築するよりも経費が少なくて済んだのか、それとも今とおなじく、持続可能な社会を目指してのことだったのかは分かりません。

仁王門から先は急な石段が続き、そこを上がり切ると本堂へと通じる参道がまっすぐに延びています。それにしても、よくこんな場所に立派なお寺を建てたものだと感心します。

関ヶ原の戦いで、西軍を裏切り、東軍に寝返った武将として、相反する評価を受けている小早川秀秋が、伏見桃山城の客殿を移築して、この本堂としたというのは意外な気もします。しかし、この土地は角倉了以が寄進したという話には納得がいきます。

本堂の左側には妙見堂が建っていて、妙見菩薩が祀られています。その脇をかためるのは、大黒天、鬼子母神、十羅刹女といったおなじみの顔触れです。

北極星や北斗七星の象徴と称される妙見菩薩はかつて、菩薩界を代表するスターとして知られ、日本各地で妙見詣が盛んにおこなわれた時代がありました。

京都でも洛陽十二支妙見巡りという習わしがあり、京都御所の紫宸殿から見て、十二支の方角に位置する妙見菩薩を順に巡るとご利益があるとされてきました。

「常寂光寺」のこの妙見菩薩は、通称を西の妙見さんといい、西方浄土とも重なることから、多大な人気を集め、参拝客が絶えることはなかったそうです。

さらに石段を上っていくと、緑の隙間から二重塔が姿を現します。これが多宝塔です。

多宝塔は仏塔における形式のひとつで、この建築形式は日本独自のスタイルだと言われています。ほかの仏塔はおおむね中国から伝わった建築形式をそのまま踏襲しているのですが、多宝塔のような建築は中国にはないそうです。そう言われれば、どことはなしに日本的な美を湛えているように見えます。

「常寂光寺」が最も賑わうのは紅葉の季節で、そのころにはこの多宝塔も真っ赤に染まり、見上げる参拝客から歓声が上がるほどの、みごとな紅葉を見ることができます。

多宝塔のさらに上のほうには、時雨亭跡と記された石碑が立っています。この時雨亭こそ、藤原定家が百人一首の編纂にあたっていた山荘です。

その故事にちなんで、謌僊祠と名付けられたという小さな祠には、藤原定家の像が安置されています。

侘びた佇まいながら、どこかしら雅な空気も漂う「常寂光寺」は、山端の古刹らしい風情で、訪れるひとを包み込んでくれます。最も嵯峨野らしいお寺として強くお奨めします。

「常寂光寺」を出て西に進むと、空地のような広場が見えてきて、ちょっと不思議な感覚がします。そのエアポケットのような広場の向こう側に建っているのが落柿舎です。

ここはお寺ではなく、俳人として名高い向井去来が別荘として結んでいた草庵で、落柿舎という風雅な名前が付けられています。

俳人にとっては聖地とも言える庵ですが、ここで去来は

―柿主や こずえはちかき あらしやま―

という句を詠みました。

この庵の庭は四十本ほどの柿の木が植えられていて、その柿の実が一夜のうちにほとんど落ち尽くした。そんな情景を詠んだ句から、落柿舎という名が付いたようです。

入口には蓑と笠が掛けてあり、それが庵主である去来の在庵のしるしだったといいます。

庭のなかほどに立っている句碑は、嵯峨日記の最後に芭蕉が詠んだものだそうです。

―五月雨や 色紙へぎたる 壁の跡―

俳句のみならず、西行が詠んだ歌の碑も西行井戸跡の傍らに立っています。

―牝鹿なく 小倉の山のすそ近み ただ独りすむわが心かな―

嵯峨野には俳句や短歌がよく似合う。この落柿舎を訪れるたびにそう思います。一句詠んでみようかと思いますが、それほど簡単なものではありません。

民家やお店が点在する細道を歩き、しばらく進むと通りが急に広くなって視界が開けます。こういう展開も嵯峨野らしいところです。

視界が開けたところに建っているのが「二尊院」です。

その入口である総門の向かって右側には小倉山二尊院、左側には九頭龍弁財天と、それぞれ白い胡粉で書かれています。

威風堂々たる構えのこの総門は、伏見城にあった薬医門を移築したもの。先にも書きましたが、伏見からこの嵯峨野の奥まで、どうやって運んで組み立て直したのか。けっこうな難事業だったのではないでしょうか。

これを手掛けたのは、またしても角倉了以だというから驚きを禁じえません。技術もさることながら、その意欲にも感心させられますね。

切妻造、本瓦葺きという桃山風の重厚感を湛える山門をくぐってなかに入ると、長い参道が延びています。この辺りは紅葉の馬場とも呼ばれる、嵯峨野切っての紅葉の名所です。

「二尊院」は、嵯峨天皇の勅願によって、慈覚大師円仁が開いたと言われていますが、異説もあり、定かではありません。

開創はどうあれ、衆生を現生から来世へ送り出す釈迦如来と、西方浄土へ迎え入れる阿弥陀如来のふたつを本尊とすることはたしかで、それゆえ「二尊院」と呼ばれているのです。

参道を進むと小さな黒門が見え、その隣に立つ唐門から入ると、目の前に大きな本堂が現れます。

入母屋造の銅板葺きという寝殿造風の佇まいを見せる本堂は、ゆるやかに軒を反らせています。なかに入って目に入ってくるのは真ん中の厨子、肩を寄せ合うように祀られた二体の仏像に思わず手を合わせてしまいます。

中央の厨子に向かって右は、木造の釈迦如来立像、左はおなじく木造の阿弥陀如来立像。共に重要文化財に指定されている貴重な仏像です。

「二尊院」の総門を出て左、北へ歩くとしばらくは単調な道が続きます。いかに嵯峨野といえども、辺りに住まうひとにとっては生活の場でもありますから、殺風景などと言ってはいけないのでしょうが。

祇王寺の悲話に思いを馳せる

ゆるやかなカーブを描く道を道なりに進むと、角の茶店の横に石畳の参道が見えてきます。ここを歩いてゆくと、右手には寺の筑地塀が続き、緑に覆われた道はやがて行き止まりになります。ロータリーのようになった正面の道は「祇王寺」へと続いています。

駒札が立ち、その横の瀟洒な木戸は閉じられていますが、左手から延びるゆるやかな石段を上っていくと、やがて藁葺きの侘びた山門に行き着きます。

「祇王寺」は尼寺で、祇王というのは女性の名前です。山号は高松山で、もともとは法然上人の門弟である良鎮和尚によって開かれた、往生院という山寺でした。

それが「祇王寺」となったのは、のちの時代になって祇王という女性がここで庵を結んだからです。

祇王は白拍子で平清盛の寵愛を受けていたのですが、いつしかおなじ白拍子の仏御前に気を奪われ、心変わりした清盛に捨てられてしまいます。

祇王は傷心のうちに、母と妹を連れてここに庵を結んだのです。

白拍子というのは、平安時代、白い水干に立烏帽子というういでたちで、男装姿で当時の流行だった今様の歌を歌いながら、舞を舞う女性でした。その姿を今の時代にたとえるなら宝塚でしょうか。

話は戻って、まだ祇王が清盛から寵愛を受けていたとき、加賀の国から都へとやってきた仏御前は清盛の館へ出向き、なんとか気を引こうとします。

—ひと目だけでも、わたしの舞を見てください—

仏御前がそう懇願しますが、それに対して清盛は、

――わしには祇王というものがおる。お前のような白拍子は要らぬから帰れ――

と冷たくあしらいます。まだ祇王を深く愛していたのでしょう。

と、そこで祇王に仏心が芽生えてしまいます。仏御前を哀れに思い、その場をとりなして舞を披露する場を設定しました。

そうして仏御前が舞を舞うと、そのみごとさに清盛はひと目惚れしてしまったのです。その結果、祇王が捨てられる運命となったのですから、なんと皮肉な話でしょう。

清盛はさらに、祇王を呼び戻して仏御前の相手をさせました。残酷な仕打ちですね。そのとき仏御前の下座に置かれた祇王は、口惜しさのあまり、母と妹を連れ、都を捨てて出家してしまったという経過です。

ふつうはここで話が終わるのですが、悲話はさらに続きます。

嵯峨野の奥で、祇王一家はつましい暮らしを続けていましたが、仏に仕える身でありながら、仏御前への恨みは日々募るばかりです。あのとき仏御前に情けを掛けることさえなければ、今も都で華やかな暮らしを続けていただろうに。何度も悔し涙を流した祇王は、清盛への恨みも深めていきます。

そんなある夜のことです。草庵の戸をたたく音が聞こえました。はて、こんな時間に訪ねてくるものなどいないはず。訝りながらも気になった祇王がそっと戸を開けると、なんと仏御前が立っているではありませんか。

こんな時間に追い返すわけにもいかず、祇王は仏御前を迎え入れます。

そこで仏御前が語ったのは、祇王への詫びと後悔。恩義に感じなければならない祇王を追い出す結果になったことを悔いているとあやまりました。その上で、いつかは自分もおなじ運命をたどるのではないかと案じ、祇王が棲む草庵を訪ねてきたと伝えました。

話を聞いた祇王は、仏御前に対する恨みを捨て、共に往生を願おうと庵に迎え入れました。それから四人は共に暮らし、死ぬまで仏に仕えたと言われています。

そんな物語の舞台である「祇王寺」を参拝しましょう。

拝観受付を済ませ、境内に入ると庭一面を覆う苔が目に入って来ます。

苔むした庭に木洩れ日が白く光り、いかにも嵯峨野の尼寺らしい侘びた風情を感じさせてくれます。緑あふれる庭は右回りに大きく円を描きながら、庭をひと回りする順路です。

竹林を抜けて小倉山から吹き渡ってくる風は、きっと平安のころから変わっていないでしょう。さわさわと青い香りを運んできます。

茅葺き屋根の小さな本堂には吉野窓と呼ばれる丸窓があって、斜めの格子と外の竹藪が交差することで影が色づいて見えます。虹の窓と呼ばれるゆえんです。

本堂には、祇王、母、妹、仏御前、そして平清盛の像が置かれています。はてさて、五人はこの草庵でどんな会話を交わしているのでしょうか。興味深いですね。

滝口寺の悲恋の物語

次は「滝口寺」。参拝口まで戻って、さらに上へと続く石段を上ります。

「滝口寺」もまた悲話を秘めたお寺で、平家物語の舞台としても知られています。

平安時代の終わりごろ、御所の警備にあたっていた滝口の武士斎藤時頼は、あるとき平徳子に仕える女官、横笛の舞姿に心を奪われてしまいます。そしてたびたび恋文を送るようになったのですが、そのことを知った父は、

―素性も定かでない女に心惹かれるとはなにごとか―

と、強く叱責されてしまいます。

一定の理解を示しつつも、あきらめきれない時頼は出家してしまいました。

それを知った横笛は嘆き悲しみます。自分のせいで時頼は出世もあきらめ出家してしまった。思いを募らせた横笛はある日、すでに滝口入道とも呼ばれていた時頼が住む庵を訪

ねました。

横笛の来訪を知った時頼が障子越しにのぞき見ると、そこには涙も枯れ果て、やつれきった横笛の姿がありました。

すぐに駆け寄って抱きしめてやりたい思いにかられますが、出家した身ですから戒律を破るわけにはいきません。涙をのんで時頼は

―ここにはそのような者はおらぬ―

と同房の僧侶に告げさせました。それを聞いた横笛は、

―山深み　思い入りぬる柴の戸の　まことの道に　我を導け―

と歌を詠んで立ち去っていきました。

その後もまだ横笛への想いを断ち切れない時頼は、次のまた横笛が訪ねてきたら、戒律を破ってしまうかもしれない。そう思って女人禁制の高野山へと上ってしまいました。

それを伝え聞いた横笛は、時頼がもう手の届かないところへ行ってしまい、思いを叶えることは終生できないことを悟り、奈良の法華寺で出家して尼僧になりました。

そんな横笛がほどなく死んだと聞いた時頼は、更なる修行に励み、いつしか高野の聖と呼ばれるほどの高僧として、広く崇拝されたと言われています。

法然の弟子である良鎮が開いた、往生院というお寺の塔頭のひとつだった三宝寺が、この「滝口寺」のはじまりです。明治維新後の廃仏毀釈によって往生院は廃寺となったのですが、おなじ往生院の塔頭であった「祇王寺」が再建されたのに続き、三宝寺も復活を遂げました。その際、高山樗牛の小説「滝口入道」から、「滝口寺」と名付けられたのです。

「滝口寺」の小さな受付小屋のすぐ後ろには、新田義貞の首塚があります。

後醍醐天皇に仕えたことで知られる義貞は、建武の乱で足利尊氏を九州へ追い詰めますが、その後巻き返され、越前国であえなく戦死しました。

義貞の首は京都に送られ、

―朝敵の最たるもの、武家の仇敵の第一―

とされ、都大路を引き回されてから獄門に掛けられさらし首になりました。

妻である勾当内侍は、それを奪い返し、この地で丁重に葬ったと伝わっています。その首塚の傍らには勾当内侍の供養塔が、寄り添うように立っているのを見ると、夫婦の強いきずなを感じてしまいます。「滝口寺」には、悲哀に満ちたふたつの物語が今も残されているのです。

本堂には物寂しい空気が漂っていて、悲恋の舞台としてふさわしいような気もしますが、哀れにも思ってしまいます。訪れるひとも少なく、座り込んでひと休みできるのがいいところでしょうか。

床の間には、滝口入道と横笛の像が仲良く並んで置かれ、右手の控えの間には、横笛が忍んできたときの様子を描いた絵が飾られています。

座敷に座ってぼんやりと庭を眺めていると、嵯峨野を吹き渡る風に乗って、哀しい歌が聞こえてくるようです。

参道に置かれた歌碑は、絶望の底に沈んだ横笛が自ら指を切り、流れ出る血で歌を書いたものと伝わっています。恋は成就しませんでしたが、生涯その恋心を貫き通した気高さを今に伝えるお寺です。

「滝口寺」を出て、元の道に戻りましょう。

次に目指すのは「あだしの念仏寺」です。

奥嵯峨野でふたつの念仏寺を訪れる

あだしのは、化野とも徒野とも書き、鳥辺野や紫野とおなじで、古くは葬送の地でした。

葬送とはいえ、ほとんどが風葬という時代でしたから、どこも無造作に骸が散乱していて、その数たるや数千とも数万とも言われていました。なんとも寒々しい光景が広がっていたのを見かねて、弘法大師空海は多くの死体を埋葬し、この地に五智山如来寺というお寺を建てて、無縁仏を供養したのが、「あだしの念仏寺」の始まりとされています。

念仏寺と名が付いたのは、鎌倉時代になってからここが、法然の念仏道場となったからだと言われています。

かつては葬送の地だったこの辺りも、今ではまったく荒廃した気配を感じさせず、豊かな緑に覆われて、差しこむ日差しが明るく輝いています。

ゆるやかな石段を上って参道を進みます。石畳も砂利道も、参道は樹々の緑に覆われていて、夏でも涼風が吹くほど、涼やかな散策路になっています。紅葉のころともなると、空気は冷え冷えとしてきますが、澄んだ空に色づいたもみじがひときわ映えます。

仏舎利塔や、鳥居によく似た形状のトラナなど、ほかの寺院ではあまり見かけない伽藍が点在しています。インド仏教の影響を強く受けたお寺だと言われていますが、たしかにそんな空気が境内一円に流れています。

本堂にお祀りされているご本尊は、鎌倉時代の仏師として名高い湛慶の作と言われる阿弥陀如来です。湛慶はかの運慶の息子ですから、やはり蛙の子は蛙ということなのでしょう。

周囲を竹林に囲まれ、阿弥陀三尊をお祀りし、多くの石仏と賽の河原を境内に擁することのお寺は、人の世のはかなさを訴え続けているようです。

普段は静まり返っているこのお寺が、多くの参拝客で賑わうのは、毎年八月二十三日と二十四日の二日間。

この日には千灯供養が行われ、数千体とも言われる無縁仏の一体一体に、ろうそくの火が灯されます。この千灯供養が終わると、京都の夏が終わり、秋がはじまると言われていますが、奥嵯峨野の古寺に並ぶ無縁仏が、ゆらめくろうそくの火に浮かび上がる姿は、世のはかなさを思わせ、幽玄の世界へと誘います。

「あだしの念仏寺」を出て、再び元の道に戻ります。

ゆるやかな坂道を上っていくと、だんだん傾斜がきつくなっていきます。細道の両側には茅葺き屋根の家が建ち、さらにその先へ歩を進めると、やがて正面に朱の鳥居が見えてきて、道が二股に分かれます。

鳥居をくぐってから右側の道を進みます。右手には石垣、左手には素朴な垣根が続き、しばらく静かな山道を歩きます。やがて右からの道路と合流しますが、その手前、左側に建っているのが「愛宕念仏寺」。おたぎねんぶつじ、と読みます。

奈良時代の末期、聖武天皇の娘である称徳天皇の命によって、東山松原辺りに創建された愛宕寺がはじまりとされているお寺です。

当時は今の西大路四条辺りから東山一帯まで、広い地域を愛宕郡と呼んでいましたから、東山に建った寺が愛宕を名乗っても不思議ではありませんが、今の時代からみれば、東山と愛宕とが結び付きませんね。

千二百羅漢の寺とも呼ばれているとおり、境内にはたくさんの羅漢さまの石像が並んでいます。羅漢さまはお釈迦さまの弟子ですが、どことなく愛嬌のある顔で、親しみを感じます。多くの羅漢さまのなかに、かならず自分と似た顔があると言われ、それを探す参拝客の真剣な表情も、このお寺ならではのことです。

奥まった土地柄から、何度も興廃を繰り返しましたが、昭和のなかごろになって、仏師西村公朝が住職となり、みごとに復興を遂げました。

ひときわ目を引く朱塗りの仁王門をくぐって、羅漢洞へと進みます。

公朝が自ら刻んだという、釈迦十大弟子像、蓮華蔵世界を描いた天井画をはじめ、公朝の作品である仏画や仏像がたくさん展示され、仏の世界へと誘われます。

三宝の鐘と呼ばれる、佛、法、僧の三つの鐘が金色に輝く鐘楼を経て、厄除千手観音を本尊として祀る本堂へと続きます。

そして、それらに囲まれるようにして設えられているのが、千二百羅漢の庭です。仏陀と常に行動を共にしたという五百人の弟子、あるいは仏陀が滅したあとに結集した弟子たちを五百羅漢と呼びます。住職となった公朝は、お寺の復興のシンボルとして、五百羅漢を集めようとしましたが、実際にはそれをはるかに超え、千二百にも及ぶ羅漢像が集まったので、間引くことなくそのままを安置したのです。

緑豊かな自然に囲まれて、羅漢さまもうれしそうです。多くは明るく笑っているように見えますが、なかにはすまし顔もあり、瞑想にふけっているような羅漢さまもあり、順に見ていくと飽きることがありません。

あだしのと愛宕、ふたつの念仏寺が奥嵯峨野に並んで建っているのは、偶然ではないように思います。悲話が残る土地で、念仏を唱え、来世での成仏を願う。風光明媚な嵯峨野はそんな祈りの地でもあります。入口とも言える竹林の小径だけでなく、かならずここまで足を延ばし、人の世の憐れみに思いを馳せたいものです。

愛宕念仏寺
愛宕道
一の鳥居
有栖川
大覚寺
観空寺
覚勝院
釈迦堂清滝道
あだしの念仏寺
後亀山天皇
嵯峨小倉陵
瀬戸川
清凉寺
祇王寺
滝口寺
厭離庵
宝筐院
久遠寺
総門
二尊院
落柿舎
JR嵯峨野線
丸太町通
常寂光寺
山門
嵯峨公園
嵯峨野観光鉄道
小倉池
竹林
野宮神社
天龍寺北門
大河内山荘庭園
天龍寺
中門
トロッコ嵐山駅
嵐山公園
（亀山地区）
保津川
嵐山駅
京福電鉄本線
渡月橋
桂川
N
W
E
S
0
300m
嵐山散策地図

ほっこりと和めるむかしながらの茶店「いっぷく処つれづれ」

「二尊院」の総門を出て左へ進み、突き当りの石畳の道を左へ歩くと、三叉路になった左側に建っているのが「いっぷく処つれづれ」という茶店です。

ありきたりの店構えなのでつい素通りしてしまいがちですが、ほっこりと和める茶店は古くからここにあって、地元のひとからも親しまれています。

赤い毛氈を敷いた床几に藍地の座布団、傍らには赤い野点傘と絵に描いたような茶店風情ながら、つれづれごはんと名付けられたかやくご飯の定食、お茶漬けやおにぎり、そばなどの軽食も豊富で、くずきりやわらび餅、ぜんざいなどの甘党も勢ぞろいする、使い勝手のいいお店です。

ともすれば観光地によくあるお店だと軽く見て敬遠してしまうのですが、入ってみれば思いのほか居心地もよく、接客もおだやかで手頃な価格でおいしいものにありつけると、あらためて評価することが増えてきました。繰り返しになりますが、凝り過ぎたり、出過ぎたりすることのないお店を見なおすいい機会だと思います。

庭を眺めて過ごすひとときは一級品「Museum 李朝 cafe & gallery」

広い空地を隔てて落柿舎の前に建つ「Museum 李朝 cafe & gallery」は、その名のとおり、李朝の陶磁器を扱うギャラリーとカフェの複合ショップです。

器好きには堪えられない李朝の白磁を常設展示していますので、興味のある方はぜひ立ち寄ってみてください。

カフェでは抹茶と和菓子のセットをはじめ、ゆず茶やコーヒーなどの飲みものが、品のいい器で供され、手入れの行き届いた庭を眺めながら、ほっこりとしたひとときを過ごせます。

玄関の横に立っているのは、土佐四天王の銅像です。

坂本龍馬、中岡慎太郎、武市瑞山、吉村虎太郎の四人の土佐藩士がおなじ方向に目を向けている像は、かつて四条河原町にある旧土佐藩邸役宅址にあったのですが、再開発にともなってこちらに移転してきました。

なぜこの場所に、と疑問が湧きますが、銘板には、

——ここ嵯峨野でも彼ら情熱ある武士たちは、藩を越え新しい日本を夢見て東奔西走していた——

とあります。坂本龍馬と中岡慎太郎は、長州藩が本陣を置いていた「天龍寺」に長州藩士の来島又兵衛、久坂玄端を訪れるために立ち寄ったという記録が残っているようですから、あながち場違いということではないのでしょう。

李朝と幕末が同居するのも嵐山嵯峨野の奥深さかもしれません。

本格派日本料理店「嵯峨おきな」

通称を嵯峨釈迦堂、正式名を「清凉寺」とするお寺のすぐ近くに暖簾を挙げる「嵯峨おきな」は界隈随一と言える日本料理のお店です。

嵯峨豆腐で有名な「森嘉」の斜め向かいにある店の看板には、京料理、湯豆腐とありますが、本格派の日本料理を気軽な雰囲気で食べられる貴重なお店。名の知れた文化人御用達の店としても名を馳せています。

カウンター席、掘りごたつ式の個室、二階のお座敷と席のバリエーションも豊富です。

割烹スタイルでアラカルト料理を愉しむディナータイムに本領を発揮するお店ですが、そのエッセンスを集めたようなお昼のお決まり料理も魅力です。昼からアラカルトでお酒を愉しむ、というスタイルも可能です。

嵯峨野界隈で本格的な日本料理をじっくり愉しみたい向きには最適のお店。かならず予約をしてお出かけください。

第四章

洛東の名所を歩く

平安神宮と清水寺

平安神宮で平安京に思いを馳せる

こういう言い方をすると失礼になるかと思いますが、「平安神宮」は京都の神社のなかでは新参者です。

平安京の大内裏の正庁だった朝堂院を再現し、実物の八分の五の規模で一八九五年に完成した神社ですから、まだ百三十年も経っていません。京都には数百年どころか千年以上も前に建立された神社もありますから、新参者と言ってもあながち間違いではありません。であリながら、その存在感はなかなかのもので、修学旅行生や外国人の観光客で、境内はいつも賑わっています。

その理由のひとつが、平安京を彷彿させるからだろうと思います。

千二百年を優に超える都ではありますが、平安京当時の建物や遺構などはほとんど残っていません。かつての平安京は想像の世界にしか存在しないのを、レプリカとは言え、それを目の当たりにできるとあって、観光客の人気を集めているのです。

さらに言えば、平安京が定められ、長く続いた理由が、四神相応の地だったからで、「平安神宮」はその象徴として建立されているからでもあります。

風水学的に四神相応は最高の吉相だそうで、山背の地はまさにそれだったと言われています。

〈四神〉とは、東西南北の四つの方角を護るとされる霊獣のことで、東の青龍、西の白虎、南の朱雀、北の玄武がそれです。

そして青龍は豊かな水の流れ、白虎は通りやすい道、朱雀は平坦な地や池、玄武は丘や山、を指すと言います。

これを京の都に当てはめてみると、青龍は鴨川、白虎は山陰道、朱雀は巨椋池、玄武は船岡山ということで、みごとに符合します。

そして「平安神宮」は位置的にその中にあり、四神ににらみをきかしているのだそうです。そのあかしとも言えるのが四神を描いた旗で、高く掲げられ風にゆらめいています。

平安神宮を愉しむ手掛かり

そんなことをふまえた上で、「平安神宮」を参拝しましょう。岡崎というエリアにあって、地下鉄東西線の東山駅が最寄りの駅になります。もしくは京都市バスの岡崎公園か神宮道のバス停から歩いてすぐです。

バスを降りるとすぐそこに大鳥居が見えるかと思います。通りの左右に美術館が建ち、その通りをまたぐようにして大きな鳥居が建っています。

まっすぐ北へ歩くと岡崎公園を通り抜け、やがて「平安神宮」へと行き着きます。玉砂利を踏みしめながらそのまま進むと應天文が見えます。この應天文を含め、大極殿、白虎楼、蒼龍楼などの建築は創建当時のままですから、百年以上は経過しています。

ご祭神はふたりの天皇。第五十代の桓武天皇、百二十一代の孝明天皇です。桓武天皇は平安京の生みの親、孝明天皇は明治維新の基を開いた天皇。つまりは京に都を置いた最初と最後の天皇をご祭神としているのです。

桓武天皇は京の恩人と言えますが、孝明天皇は、いわば京の都に引導をわたしたひとですから、一部の都人は当初反発したとも伝わっています。

東京へ都が移り、天皇が京都からいなくなる。時代が明治になったころの京都人は意気消沈していたと言います。

その重苦しい空気を振り払うかのようにして行われたのが、遷都千百年事業で、琵琶湖疏水開通や博覧会開催、そして「平安神宮」建立と立て続けに行われ、都人を勇気づけたのでした。

そんな経過をたどった「平安神宮」ですから、強大なご利益があるというような神社ではありません。記念公園という趣旨が強いこともあり、主に見るべきは神苑と呼ばれる庭園です。

應天文をくぐり、本殿の前に建つ大極殿で手を合わせたら、左手の白虎楼横から神苑に入ります。

社殿を囲むように造られた神苑は、東西南中の四つに分かれています。総面積は一万坪もありますから大庭園と言っていいでしょう。

この神苑を手掛けたのは庭師の神さまとも称される小川治兵衛、通称植治です。

日本庭園に興味をお持ちの方なら、きっとその名はよくご存じでしょう。京都で名園と呼ばれる庭の多くは植治が手掛けたものです。「平安神宮」からすぐ東の岡崎界隈に点在する別荘のあちこちに名園を数多く残していて、それらは南禅寺界隈別荘群と呼び親しまれています。

その稀代の庭師が手掛けた神苑ですから、弥が上にも期待が高まりますね。

本殿の裏側に回り込み、まずは東に向かいます。本来の順路とは逆になりますが、天邪鬼なぼくはいつも東から巡ります。

神苑のなかで最も広いのが東神苑で、広々とした眺めに「平安神宮」らしさを感じるのです。栖鳳池に浮かぶ泰平閣を観ていると、平安の都人気分になります。

池を右手に見ながら北へ歩くと、徐々に池の幅が狭くなります。この先は蒼龍池と池の名前が変わります。

ここに架かる橋は臥龍橋と呼ばれていてわたることができます。臥龍の松とおなじで、龍が臥せるような形なのでそう呼ばれているのでしょうね。池のなかは飛び石が置かれていて、これを伝って歩くのも愉しいものですが、池に落ちないよう気を付けてください。

やがて池の水は本殿のうしろのほうに回り込み、長く細い流れが続きます。きっと植治はあれこれ考えて工夫を凝らしたのだろうと思います。

後の門から西になるとまた名前を変え、今度は白虎池となり、そこからが西神苑です。

東の青龍、西の白虎と、風水の四神に合わせて作庭するのに植治さんが苦労されたあと

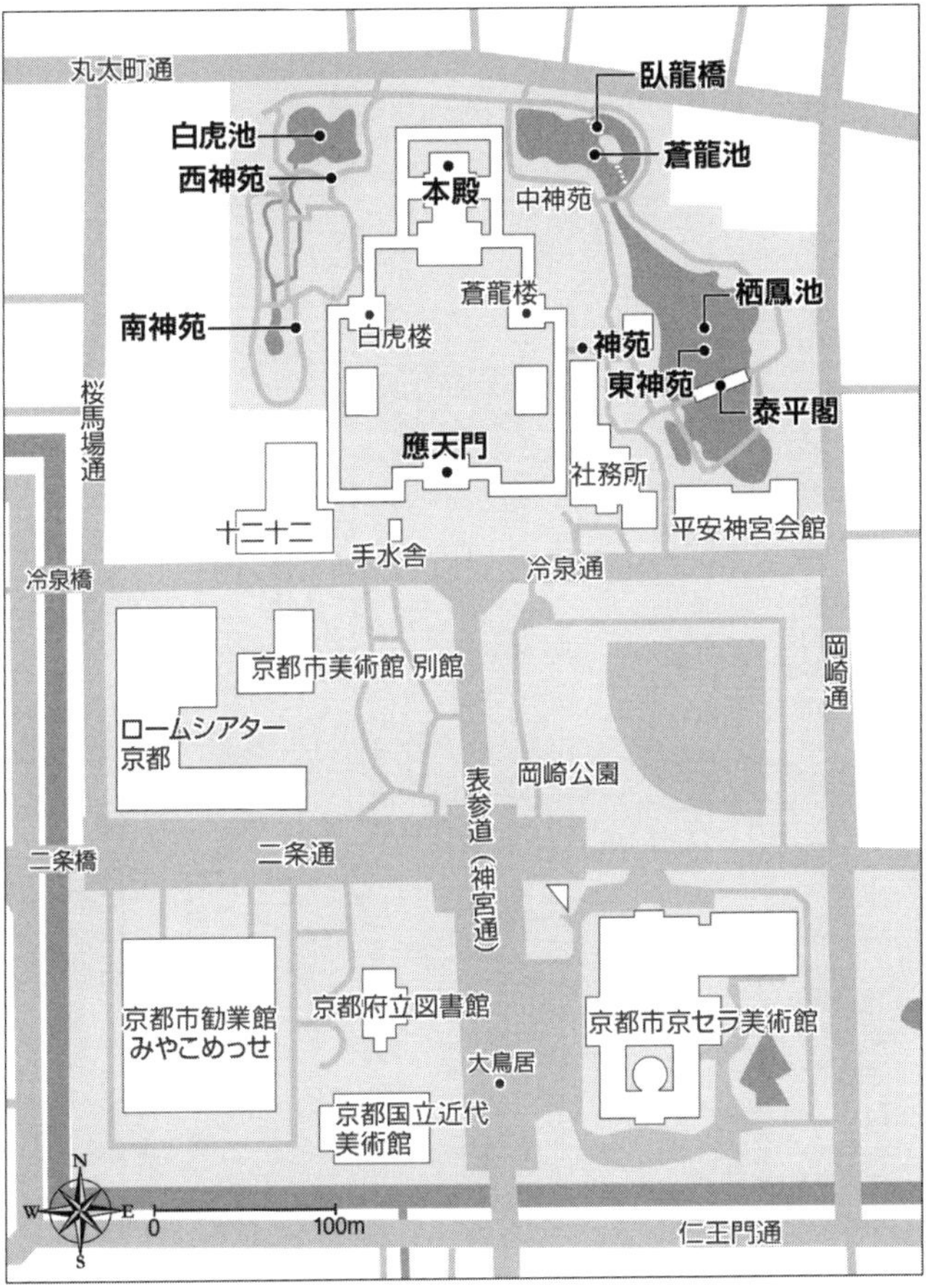
丸太町通
臥龍橋
白虎池
蒼龍池
西神苑
本殿
中神苑
蒼龍楼
栖鳳池
南神苑
白虎楼
神苑
東神苑
泰平閣
桜馬場通
應天門
社務所
十二十二
平安神宮会館
手水舎
冷泉橋
冷泉通
京都市美術館 別館
岡崎通
ロームシアター
京都
表参道
岡崎公園
二条橋
二条通
（神宮通）
京都府立図書館
京都市勧業館
みやこめっせ
京都市京セラ美術館
大鳥居
京都国立近代
美術館
N
W
E
S
0
100m
仁王門通

平安神宮

がうかがえます。

桓武天皇をご祭神に抱く神社ですから、当然と言えば当然なのですが、四神を庭で表現するのはむずかしかっただろうと思います。

ここから先が南神苑。訪れる季節にもよりますが、ここで見るべきは秋の七草と、入口近くに植えられた春の枝垂れ桜です。

かの文豪、谷崎潤一郎の名作細雪には、

―忽ち夕空に広がっている紅の雲―

という一節があり、横に広がる枝垂れ桜を、紅の雲という言葉で表現しました。タイミングが合えば、その紅の雲を見ることができるでしょう。

細雪の彼女たちはこの桜を、

―一年待ち続けた―

と谷崎が書いています。一年待つ価値がある桜だということは、今も変わりありません。

神苑には懐かしいチンチン電車も展示してあります。なぜここにあるかと言えば、この電車は琵琶湖疏水を使って発電した動力を使った、日本初の電車だからです。

先にも書きましたように、京都が都でなくなってしまい、意気消沈していたのを払しょくするように興された事業が琵琶湖疏水であり、復興の象徴として建立されたのが「平安神宮」だからです。

世界遺産に登録されているわけでもなく、長い歴史を誇る神社でもなく、格別のご利益がある神社でもありませんが、平安京が定められたころの街の空気を感じ取れる、京都唯一の神社として「平安神宮」は貴重な存在だと思います。

タルトタタンに舌鼓を打つ「ラ・ヴァチュール」

「平安神宮」を出て西へ歩き、疏水に沿って北へと進めば、ほどなく西側に見えてくるのが「ラ・ヴァチュール」というカフェです。

名物はフランス料理のデザートの一種、タルトタタンです。

カラメル状になるまで、長い時間を掛けて煮詰めたリンゴにタルト生地をかぶせて焼き上げたお菓子は、どこか懐かしい味がします。

古くから都人に愛されている店のオーナー夫妻の跡を継いだお孫さんが、むかしながらの味とお店を守っておられます。

カフェというより、京都らしいアカデミックな空気が漂う喫茶店といったところですが、よくメディアで紹介されるせいか、日によっては長い待ち時間ができるのが唯一の難点です。

うまくタイミングが合えば、落ち着いた空間でまったりと甘いリンゴのケーキに舌鼓を打ち、ゆったりとしたお茶の時間を過ごすことができます。

のびやかな時間を愉しめる「京都モダンテラス」

かつては京都会館と呼ばれた施設も、今は「ロームシアター京都」という名に変わりましたが、コンサート会場として都人に長く親しまれています。

一階には蔦屋書店が入り、通りに面してオープンカフェも展開していますが、二階へ上がると広々とした空間にバリエーション豊かな席があり、早い昼から夜まで四季を通じておいしい時間を愉しめます。

広いホールの真ん中に設えられたカウンター席は、ひとり客にはぴったりで、コーヒーやワイン片手にのんびりと本を読んだり、ぼんやりしたりと気ままに過ごせます。

時候のいいときならテラス席がお奨めです。伸びやかな空間で、道行くひとや公園でくつろぐひとを見下ろしながら、パスタやカレー、ハヤシライスなどを味わえます。

夜は八時までと少し早い時間に店仕舞いになりますが、その代わり通し営業なので、夕方早い時間からお酒を愉しむこともできる、使い勝手のいいお店です。

シンプルでおいしい老舗中華そば屋「一番星」

「平安神宮」を出て、岡崎通を北へ、丸太町通のひと筋手前の細道を東へ、数分も歩けば「一番星」という中華そばのお店に行き着きます。

赤レンガが印象的な外観は、喫茶店にも見えますが、半世紀近い歴史を持つ、京都らしい中華そばのお店です。

メニューは中華そばとご飯だけで、チャーハンも餃子も唐揚げもありません。この潔さがいいですね。ラーメンではなく中華そば。その意味は食べれば分かります。

茶色く濁ったスープはとんこつの味がしますが、今どきのラーメンのようなしつこさはありません。脂身の少ないチャーシューと、よく味が染みたメンマ、青ネギと、いたってシンプルですが、学生時代に食べたころと変わらぬ味わいがあとを引きます。

少し珍しいのは、柴漬けが添えられていることで、口直しには格好の付け合わせです。

岡崎界隈のうどん屋さんや洋食屋さんは長い行列ができることで知られていますが、この中華そばはたいてい、長い待ち時間なしで食べられるのもありがたいところです。

ふたつの顔を持つ食堂「お福」

三条通と神宮道通の交差点角にあって、むかしながらの食堂として人気を長く保ち続けているお店が「お福」です。

ここは昼と夜、ふたつの顔があって、がらりと客層が変わるのも「お福」の特徴です。「うどん　そば　お福」と書かれた大きな看板が目立つように、麺類が主体の食堂です。名物は夫婦そば。舟形の器にそばと茶そばが盛り合わせてあり、名物夫婦そばと記された小さな札が載っています。やや甘めのそばつゆがいかにも京都といった感じで、関東のざるそばとはかなり味わいが異なります。

このお店の特徴は夜の営業。なんと夜九時から十一時半まで開いているのです。つまりは二軒目として使い勝手がいいということで、自主申告制の小鉢をアテにお酒を呑んで、うどんやそば、中華そばなどで〆る、という愉しみ方ができる店です。

こういう京都のおうどん屋さんは、たいてい夜早くお店が閉まるので、遅駆けに京都らしい麺類を食べられるのは貴重なのでぜひ覚えておいてください。

清水寺へ向かう道まで愉しむ

「清水寺」へと向かう参道は三つあります。

車は五条坂。ひとは松原通。情あるは三年坂。古くからそう言われるように、どの道をたどるかによって趣きは異なります。

お奨めしたいのは〈情ある道〉。祇園下河原からスタートし、高台寺、二年坂、三年坂を経て「清水寺」へとたどるのがいいですね。ただ、みんな考えはおなじなので、季節によっては大混雑となり、情緒どころではなくなるかもしれません。

「八坂神社」の南楼門から歩き始め、下河原通へと出ます。途中、情緒ある石畳の路地が続く石塀小路を抜け、「高台寺」の下に出ましょう。

―清水へ　祇園をよぎる桜月夜　こよひ逢ふ人みなうつくしき―

与謝野晶子が春に夜桜を詠んだのは、きっとこの辺りだろうと思います。

「清水寺」へ向かう道すがら、祇園を通り過ぎると、花見客とすれ違ったのでしょうね。気持ちが昂揚していたからか、何かしらの喜びを分かち合いたかったのか、会うひとみんなが美しく見える、といった歌かと思いますが、この時代にはライトアップなどという人工的なものはなかったでしょうから、月明かりに浮かぶ夜桜を愉しんだことでしょう。な

四条通
八坂神社
円山公園
0
200m
N
W
E
S
大谷祖廟
祇園下河原
ねねの道
高台寺
安井金比羅宮
霊山観音
八坂の塔（法観寺）
二年坂
八坂庚申堂
清水道
松原通
清水三年坂美術館
三年坂
仁王門
大講堂
成就院
東大路通
五条坂
清水坂
地主神社
茶わん坂
清水寺
五条坂
三重塔
音羽の滝
大谷本廟
近藤悠三記念館
1
清水山墓地
妙法院
清閑寺

清水寺へと向かう道

んともうらやましい話です。

「清水寺」へは祇園から。やはりこれが王道です。

「高台寺」から二年坂へ入ると、狭い石段の両側に店が建ち並び、俄然賑やかになります。二年坂から三年坂へと長く続く上り坂です。「清水寺」は東山のふもとの高地に建っているのです。

三年坂を上りきり、突き当りの清水坂を左へとたどるのが、一般的な参道ですが、その三年坂の途中、〈浄土真宗興正寺別院霊山御本廟〉の石碑から東へ入る裏道も、ひとが少なくて歩きやすいのでお奨めします。

西郷隆盛と成就院

木立が続く参道を入って行くと、石段の上に山門があり、その手前を右、すなわち南へ折れると、「清水寺」へと続く裏道になります。小さな谷川を渡り、狭い山道を登っていく道は、月の庭で名高い成就院への参道です。

普段は非公開の寺院ですが、期間を限定して特別公開されます。

成就院といえば、幕末の勤皇僧として知られる月照上人が住職を務めたお寺です。そしてその月照上人と切っても切れない間柄だったのが西郷隆盛。成就院へとたどる道筋に、西郷隆盛・月照・信海記念碑が立っているのは、そんな経緯があったからです。ちなみに信海は月照の弟です。

月照上人は西郷らと意気投合し、国事に奔走しますが、安政の大獄によって追われる身となります。西郷を頼りにして月照は薩摩に逃げるのですが、追手が間近に迫ったことを知り、西郷と月照は錦江湾に入水して心中しようとしました。

なんとか西郷は助かったのですが、月照は命を落としてしまいました。

きっと西郷は何度もこの成就院を訪れ、月照と熱く語り合ったのでしょう。

そんな悲話の残る成就院へとたどる道筋には千体石仏群があり、知られざる見どころとなっています。

阿弥陀如来、地蔵菩薩、観音菩薩、釈迦如来から大日如来まで、多種多様の石仏が何層にも並んでいますが、これらはかつて京都の町なかに祀られていたお地蔵さまだそうです。

廃仏毀釈のとき、京の町衆によって寺に移されたもので、愛らしい石像には苔も付き、古色を漂わせていますが、町衆の手によって前垂れが頻繁に掛け替えられているのが、いかにも京都らしい光景です。

清水の舞台を下から眺める

「清水寺」の正門でもある仁王門をくぐって境内に入ります。

仁王門も、その隣の西門や鐘楼も、そして三重塔も丹塗りされて、朱色になっていますので、はて、ここは神社だったかと訝る向きもおられるかと思います。

これは寛永六年に焼失し、ほどなく再建されたときに丹塗りされたからだと言われています。白木のまま修復を繰り返してきた三重塔を、昭和の後期になって一部解体してみると、極彩色が施されていた痕跡が見つかったのです。

丹塗りは魔除けのためとも言われていますから、そんな意味合いも込めて朱塗りになったのでしょう。お寺の山門や塔が丹塗りされているのは珍しいので、注目しておきましょう。

随求堂、経堂、田村堂、朝倉堂と伽藍が続き、いよいよ本堂へと進みます。

寛永十年に再建された本堂は国宝に指定されていて、寄棟造は平安時代の寝殿造を今に伝える優美な建築です。

正面の幅は約三十六メートル、側面の幅は約三十メートル、棟の高さは約十八メートルという、堂々たる仏堂です。

テレビの旅番組などの京都特集で、かならずと言っていいほど登場するのが、この本堂舞台と、「東寺」の五重塔、そして「金閣寺」の金閣。ぼくはこの三つを京都三名景と呼ぶことにしました。

誰もが一度は立ってみたいと憧れる舞台は、錦雲渓に張り出すように造られたヒノキの板張りで、広さは約百九十平方メートルと言われています。数字だと狭く感じますが、実際に立ってみるとその広さを実感できます。

この舞台は展望台ではなく、文字通り舞楽などを奉納するために造られたもので、本尊に奉納するための舞台ですから、客席などは設けられていません。

むかしから、

―清水の舞台から飛び降りる―

ということわざがあるように、舞台の上から下を見ると思わず足がすくみ、よほど意を決しないと、飛び降りることなどできません。しかし近世には実際に飛び降りるひとが多かったため、舞台の外側に飛び降り防止のための柵を設けたこともあったようです。

そしてこの舞台ですが、ほとんどの方は上から見下ろすだけで、それを支えている柱の部分をつぶさにご覧になることは少ないかと思います。

お時間があれば、ぜひ舞台の下から見上げてみてください。この舞台を支える柱組みの豪壮さに目をみはります。

太い縦の柱と、角材を使った横の梁が生み出す幾何学模様は、伝統建築ながらモダンな情景を描きだしています。看脚下（かんきゃっか）という言葉どおり、舞台の脚元に目を向けると、その精緻な美しさ、重厚な建築に圧倒されると思います。

舞台のある〈本堂〉から〈奥の院〉を経て南へ歩を進めます。

秋にはみごとな紅葉が広がる錦雲渓を横目にしながら歩くと、もうひとつの三重塔が見えて来ます。ここには子安観音と呼ばれる千手観音像が安置され、それゆえこの塔は子安塔と称されています。

「清水寺」に三重塔がふたつあることは存外知られていません。

子安塔の前に立って北のほうを見ると、西門から三重塔、本堂まで伽藍が並ぶ景観は圧巻です。なかでもやはり本堂の舞台は堂々たる姿がひときわ目立っています。当たり前のことですが、舞台にいたのでは舞台の全容を観ることはできません。

子安塔の傍らに建っているのは泰産寺という塔頭です。

ここは聖武天皇と光明皇后が、御子の無事誕生を祈願したところ、その願いが叶い、安産となったことの報恩として建立したと伝わっています。

参道となる三年坂は、産寧坂と読み書きすることもあります。産を寧する、ということですから、つまりは安産祈願ですね。この名の由来は泰産寺にあったというわけです。泰産寺からも「清水寺」の全容を眺めることができます。安産祈願に訪れるのもいいですね。

振り返って、奥の院から子安塔へと至る道沿いには、小さな石仏に囲まれるようにして、福禄寿の石仏がひっそりと佇んでいます。

かなり摩滅しているので、目を凝らさないと分かりませんが、石仏の左側面の肩には五芒星が刻まれています。このことから、道教の道士ではないか、と推されることもあれば、隠れキリシタンの名残とも、あるいは「清水寺」を開基した行叡居士とも言われる、謎の残る石仏です。頭巾をかぶり、錫杖や経巻を手にする姿から、福禄寿に見立てられるようになったのですが、「清水寺」の七不思議のひとつに数えられるように、謎は残ったままです。

泰産、福禄寿と幸運につながる見どころが続く界隈ですが、ここからさらに南へ進むと、悲哀に満ちた物語の舞台になる寺があります。それが清閑寺。この寺で出家させられた小督局の哀しい物語が残っています。

泰産寺横の門から出て、道なりに歩くと行き着きますが、人気の少ない杉林の道を歩きますから、用心して進んでください。

小督局は、高倉天皇の寵愛を受けるのですが、娘であり、中宮という地位にある建礼門院徳子をないがしろにしたとして、平清盛の怒りを買うことになります。追いやられるようにして嵯峨野の奥に隠棲するのですが、悲嘆にくれる高倉天皇は、小督を宮中に呼び戻すよう命じます。

命を受けて、中秋の名月の夜、嵯峨野へ小督探しに出向いた腹心の部下は、粗末な小屋に隠れ住んでいた小督を見つけます。能の演目「小督」名場面ですね。

説得を受けて、密かに宮中に戻った小督は、高倉天皇との密会を続けるのですが、清盛におもねる者がこれを告げ口し、再び清盛の怒りを買うことになります。やがて小督は高倉天皇の第二皇女を出産した後、ここ清閑寺で無理やり出家させられました。

嘆き哀しんだ高倉天皇は、自分が死んだあとは、小督のいる清閑寺へ葬るようにとの遺言を残して崩御しました。

遺言どおりその葬儀はここ清閑寺で行われ、ここへ葬られました。

お寺のなかには小督局の供養塔が建ち、背後の山には後清閑寺陵、すなわち高倉天皇陵があります。悲愛は来世で結ばれることとなったのです。

清閑寺には、菅原道真が彫ったとされる、本尊の十一面観音像を安置する本堂のみが残されています。ここからは京都の町並みを一望できます。

石組で囲まれた要石。ここからは、まるで扇を広げたような形で、京の街を眺めることができるのです。ここに立って小督は、はるか遠くに建つ御所を望み、宮中での日々、高倉天皇との逢瀬を懐かしんだのではないでしょうか。

晴れ舞台という言葉があるように、舞台が目を引く「清水寺」は、晴れやかな印象を受けるお寺ですが、その長い歴史のなかには、西郷隆盛と月照、小督局と高倉天皇のように、哀しい結末を迎えた人々もいたということを忘れないようにしたいものです。

京土産にお奨め「七味屋本舗」

京土産をなににするか、京都を訪れるたび毎回迷うとおっしゃる方は少なくありません。京菓子もいいけど、日持ちや形崩れが気になる。そんな声をよく耳にしますし、かさばらず、重くもない京土産というのは存外少ないものです。

そんな方にお奨めしたいのが七味や粉山椒。産寧坂を上りきった角に建つ「七味屋本舗」は明暦年間創業の老舗ですが、小袋から容器入りまでバリエーション豊かな商品が揃いますので、お土産には最適です。

創業当時は河内屋という屋号だったそうで、白湯に唐辛子粉を振りかけた、からし湯と呼ばれるものを、「清水寺」で修行する僧や参拝客にふるまっていたと伝わっています。

お店によって七種の内容は異なりますが、「七味屋本舗」では、唐辛子、白胡麻、黒胡麻、山椒、青海苔、青紫蘇、麻の実の七種です。

お土産に最適なのは薬味豆袋三種セット。七味唐辛子と粉山椒、一味唐辛子の豆袋の詰め合わせで、マイ七味として携帯するのもいいですね。軽くてかさばらない京土産をお探しの方はぜひ。

京都でお店に迷ったらまずは餅系へ「力餅食堂　加藤商店」

清水坂へと通じる松原通にあって、京都人にもなじみ深い食堂が「力餅食堂　加藤商店」です。

京都には餅を屋号に使う食堂がたくさんあって、いわゆるチェーン店ではありませんが、どこかしらでつながっているという、いかにも京都らしいゆるい結び付きの食堂です。

千成餅、相生餅、大力餅、そして力餅と、餅の名が付いた食堂は、どのお店に入っても たいてい良心的な価格で、おいしい麺類や丼もの、定食や餅菓子が食べられます。

横長の看板が掛かり、店の前にはガラスケースがあって、食事系のサンプルと、下の段には餅菓子やいなり寿司が並ぶという、典型的な餅系食堂の店構えです。

きざみ揚げが載ったきつねうどんや、天とじ丼などなにを食べても安くておいしいのですが、餅系食堂の中華そばは麺もスープもすべて中庸をゆく味わいで、捨てがたいものがあります。

壁にずらりと並んだメニューを端から眺め、どれにしようかと迷うのは至福の時間。京都でお店に迷ったらまずは餅系へ。ぜひ覚えておいてください。

デパ地下並みの品揃え「ハッピー六原」

ショッピングモールやコンビニの攻勢を受けて、京都に古くからあったご近所市場や、町の小さな商店街は軒並み苦戦を強いられ、消えてしまったところも少なくありません。

地元のひとたちのふれあいの場でもあったお店がなくなるのは、なんとも寂しい限りです。

そんななかで、むかしながらのふれあいを保ちながら、時代に適応した地元密着型のスーパーマーケットとして人気を集めているのが「ハッピー六原」。松原通にある入口には愛らしい看板が掛かっています。

セルフ形式なのでスーパーマーケットとされていますが、実態としてはむかしながらの市場に近い雰囲気です。

その町のことを知るには、市場やスーパーマーケットを覗くのが一番だと思っています。ここのお魚やお肉売り場を見れば、おおかたの食事情が分かります。京料理のお店へ行く前に、地元の魚屋さんに並んでいる魚介類を見ておくと、いろいろと役に立ちます。

お惣菜や豆腐、お菓子などデパ地下に優るとも劣らない品揃えは、スーパーマーケットの枠を超えています。おいしいもの好きの方はぜひ立ち寄ってみてください。

南禅寺と下鴨神社

時代ごとに顔を変える南禅寺

〈京都五山〉の別格上位のお寺として名高い「南禅寺」ですが、一般には、かの盗賊石川五右衛門が桜を眺めて、

―絶景かな　絶景かな―

と言ったという山門のある寺としてなじみ深いかと思います。

ところで山門は三門とも書きますが、両者に厳密な区別があるわけではないようです。お寺の多くは山林にあったことから山号を持っていて、それゆえ山門と書きますが、中央に大きな門、左右に小さな門を連ねることから三門、と名付けられていますが、おなじ門を三門と書いたり山門と書いたりすることもあるようで、この「南禅寺」も両方の字を使い分けています。

三門はまた、仏道を修行する途上、悟りに至るために通り過ぎなければならない三つの

関門を表しているとも言われています。それが空、無相、無作の三つで、解脱門を略した呼称なのだそうです。

歌舞伎の演目である〈楼門五三桐〉はぜんぶで五幕ありますが、そのなかの〈南禅寺山門の場〉に大盗賊の石川五右衛門が登場します。

あちこちで盗みを働いた五右衛門は、父の敵を討つためもあって、当時の権力者である羽柴秀吉の命を狙っています。追っ手に追われる五右衛門は「南禅寺」に逃げ込み山門へ駆け上がります。絶体絶命のピンチにありながら、山門の回廊で煙管を吹かし、夕暮れ時の満開の桜を悠々と眺めるのです。

—絶景かな、絶景かな。春の宵は値千両とは、小せえ、小せえ。この五右衛門の目からは、値万両、万々両……—

ちなみに五三桐は秀吉の家紋で、五右衛門は秀吉の命により三条河原で釜茹でにされたと言われています。その処刑に使われた釜は鴨川に流され、七条大橋辺りで見つかったとも伝わっていて、かつてそこは釜ヶ淵と呼ばれていたそうです。

どこまでが史実で、どこからが演劇などによる脚色か、定かでないところも京都らしいと言えば、京都らしいお話です。

ひとつはっきり言えることは、秀吉が活躍した戦国時代から安土桃山時代のあいだ、「南禅寺」の三門は建っていなかったということです。

一四四七年に焼失した三門が再建されたのは一六二八年と伝わっていますから、三門の空白期だったのです。

時の権力者に歯向かい、義賊的な一面もあったので、庶民受けがよかった五右衛門。五山別格の格式高い寺の三門で見得を切る姿に喝采を送りたかったのでしょう。

その〈五山〉ですが、後醍醐天皇は「大徳寺」と「南禅寺」を同率一位とし、その後、室町時代になって、足利尊氏は京と鎌倉を合わせて〈五山〉を定めました。後に義満の時代になって、京と鎌倉を分離し、〈京都五山〉を制定したのです。その際、義満自ら創建した「相国寺」を二位に組み入れたのはご愛嬌ですね。そして「南禅寺」を番外というか、別格一位に棚上げし、〈五山〉と言いながら六ケ寺としたのですから、あいまいな話です。

洛東の山裾に建つ「南禅寺」は、もともと後嵯峨天皇が造営した離宮、禅林寺殿でした。

その後嵯峨天皇の息子である亀山法皇は、わずか十歳で皇位につきますが、長じてこの禅林寺庵を母の御所と定めました。

親孝行のはずだったのですが、離宮に夜な夜な妖怪が現れ、母子を苦しめます。困り果てた法皇は祈祷師に託しましたが、まったく効果はありません。そこで「東福寺」の三世、無関普門に依頼したところ、たちまちのうちに妖怪は姿を消したといいます。

このことにいたく心を打たれた法皇は、無関普門に帰依し、自らも出家して離宮を寺に改めたというわけです。このとき法皇は四十歳でした。

禅林寺殿を寺に改め、無関普門を開山として、龍安山禅林禅寺と名付けたのが「南禅寺」のはじまりとされています。鎌倉時代が終わりに近づくころのことでした。

離宮というのも別荘のようなものですから、この寺もまた元別荘という位置づけになるかと思います。

元は離宮だったのですから、当然のことながら、当初、伽藍らしきものは何ひとつなく、長い時間を掛けて寺としての形を整えていったのです。

そして鎌倉時代の末期になると、先に書いたように、〈京都五山〉の最上位にまで上り詰め、最盛期を迎えることとなります。さらにその隆盛は室町時代に入っても続き、転換期を迎えるのは戦国時代になってからです。

多くの労苦によって造立された伽藍は、応仁の乱であっけなく焼失してしまいました。

もちろん「南禅寺」だけでなく、多くの社寺は応仁の乱によって焼失し、都は廃墟と化してしまったのですが。

そんな「南禅寺」が復活を遂げるのは江戸時代に入ってからです。徳川江戸幕府は、応仁の乱で消失した京都の寺社の復興に力を注ぎました。荒廃したままだと統制が取れないという意味もあったのでしょう。焼失していた山門が建ち、ようやく今とおなじ姿の「南禅寺」が出来上がりました。

寛永五年。大坂夏の陣に倒れた家来の菩提を弔うために、藤堂高虎が再建したのが今の山門です。

そうして形を整えた「南禅寺」は明治時代に入って、再び脚光を浴びることになります。それは世紀の大事業とも称される琵琶湖疏水が、この寺を通り抜けることになったからです。

一八八五年に工事が始まり、五年の歳月を掛けて一八九〇年に竣工した琵琶湖疏水は、当初灌漑用や防火用の水を琵琶湖から引くことと、大阪湾にまで船を通すことが目的だったと言われていますが、結果的には水力発電の有利性が注目され、京都の上下水道の普及にもつながることになりました。今では琵琶湖疏水なくして、京都市民の暮らしは成り立たないほど、重要な役割を果たしています。

そんな琵琶湖疏水が格式高いお寺の境内を通るのですから、おそらくはさまざまな議論があり、賛否両論だっただろうことは容易に想像できます。結果的にはインクライン、水路閣という近代的なモニュメントを残す寺となり、「南禅寺」に新たな魅力が加わることになりました。

京都を舞台にしたサスペンスドラマにしばしば登場する水路閣などは、アーチ型のレンガ造りという、およそ禅寺には不似合いと思われる建築です。よくぞこれを境内に造ったものだと感心します。先見の明があったのでしょう。

南禅寺別荘群という言葉も近年注目され、庭園と水、小川治兵衛というキーワードは、琵琶湖疏水なくしては存在することのなかったものです。それを象徴するのが、水路閣であり、インクラインで、そしてその琵琶湖疏水の、京都に於ける入口とも言えるのが「南禅寺」なのです。

鎌倉時代の終わりごろに離宮から寺へと変わり、別格寺院にまで上り詰め、その後焼失の憂き目に遭いますが、江戸時代になってみごと復興。そして明治時代に新たな扉を開く。

それぞれの時代によって「南禅寺」は異なった顔を見せ、都度さまざまな役割を果たして、今日に至っています。

かの石川五右衛門も果たせなかっただろう三門からの花見も、今では多くのひとたちが桜景色を愉しめるようになりました。

東山のふもとに広がる境内には、金地院に代表される多くの塔頭が建ち並び、小堀遠州が作庭したと言われる方丈庭園など、たくさんの見どころがあります。

京都を代表する名所であり、名刹ですが、寺となる切っ掛けは妖怪だったというのですから、奇縁と言いたくなります。

もしも妖怪が現れなければ、離宮のままだったかもしれず、伽藍が建ち並ぶこともなければ、三門もなかったことでしょう。京都のお寺はなんとも不思議な存在なのです。

南禅寺といえば本当に湯豆腐なのか？

「南禅寺」といえば湯豆腐。お寺の周りにはたくさんの湯豆腐屋さんがありますが、ぜひ、とお奨めできるお店にはまだ出会っていません。有名観光地特有の価格設定だったり、客あしらいがぞんざいだったり、と満足とはほど遠い店にしか出会えなかったのは、たまたまなのかもしれませんが、そんなわけで湯豆腐屋さんはここには挙げません。

昭和レトロな喫茶店「ロリアン」

「南禅寺」の山門から北へ、道なりに鹿ケ谷通を進み、疏水に架かる永観堂橋を渡って「永観堂」の南門を過ぎた辺りに、古びた喫茶店があります。

昭和レトロという言葉がしっくりなじむ店が「ロリアン」です。

窓ガラスにはメニューが貼られ、添えてある料理写真を見ると、懐かしさが込みあげてきます。

スパゲティと中華そばが名物のようで、喫茶店というより食堂に近いお店です。

ハイチェアが並ぶカウンター席といい、背もたれが籐でできた椅子といい、むかしながらの喫茶店スタイルに心が丸く和みます。

あっさりした中華そばや、シンプルなイタリアンスパゲティもいいのですが、お奨めはオムライス。今風のふわとろ系ではなく、きっちり卵を巻いたクラシックスタイルのオムライスは、あっさりした味付けのケチャップライスと、どろりと濃厚なソースのバランスがみごとです。「南禅寺」界隈で空腹を覚えたら「ロリアン」のドアを引いてみましょう。

京風だしのきいたおそば屋「山源」

「永観堂」の山門前に建つ「山源」というそば屋さんは「哲学そば」と名付けられていて、ここから南にある哲学の道にちなんだ屋号だろうと思います。

食堂然とした店ですが、京都らしい淡いおだしがきいたおそばもうどんも、ほっこりした味わいで、観光地価格ではないところもうれしいところです。

テレビに目を遣りながら、スポーツ新聞を広げながら、といった常連らしいお客さんと、観光客が一緒にそばを食べるお店で、一番人気は京都名物とも言えるにしんそば。甘辛く煮つけられたにしんがそばつゆに溶け出し、なんとも言えずいい香りが立ち上がります。

この近辺には長い行列のできるうどん屋さんが何軒もありますが、限られた時間を有効に使うなら、こんなそば屋さんに入ったほうが賢明です。おいしいそばやうどんを食べられる店は、京都のあちこちにあるのだということを覚えておいてください。

平安京よりむかしからあった下鴨神社

「下鴨神社」をどのエリアに入れるべきか、いつも迷います。

洛北と言っても間違いではありませんし、洛中とも言えます。ここを洛東に入れるには無理があると思われるかもしれませんが、章立ての関係上エリアを洛東に分類し、「南禅寺」と対比することにします。

「下鴨神社」の始まりは定かではありませんが、崇神天皇の時代に瑞垣を修造したという記録が残っているそうですから、少なくとも紀元前からこの場所には神さまが祀られていたということはたしかなようです。

「下鴨神社」の参道にあたる糺の森は、縄文時代から生き続けていて、太古の姿を今に残している原生林です。その糺の森を発掘すると、縄文時代や弥生時代の遺物がしばしば見つかるそうですから、平安京が置かれる、はるかむかしから「下鴨神社」の原型があったことは間違いないと思います。

ここで「南禅寺」や「金閣寺」、「銀閣寺」の成り立ちを思い出してください。名所として知られるこれらのお寺は、もともとは別荘や離宮でした。つまりは著名なひとが住んでいたところをお寺にしたのです。

そこへいくと神社はおおむね、古くから神さまの居場所だったところに建てられていきます。いわば神域を社にしたのです。

もちろん例外もありますが、お寺はたびたび移転しますが、神社が移転することはごく

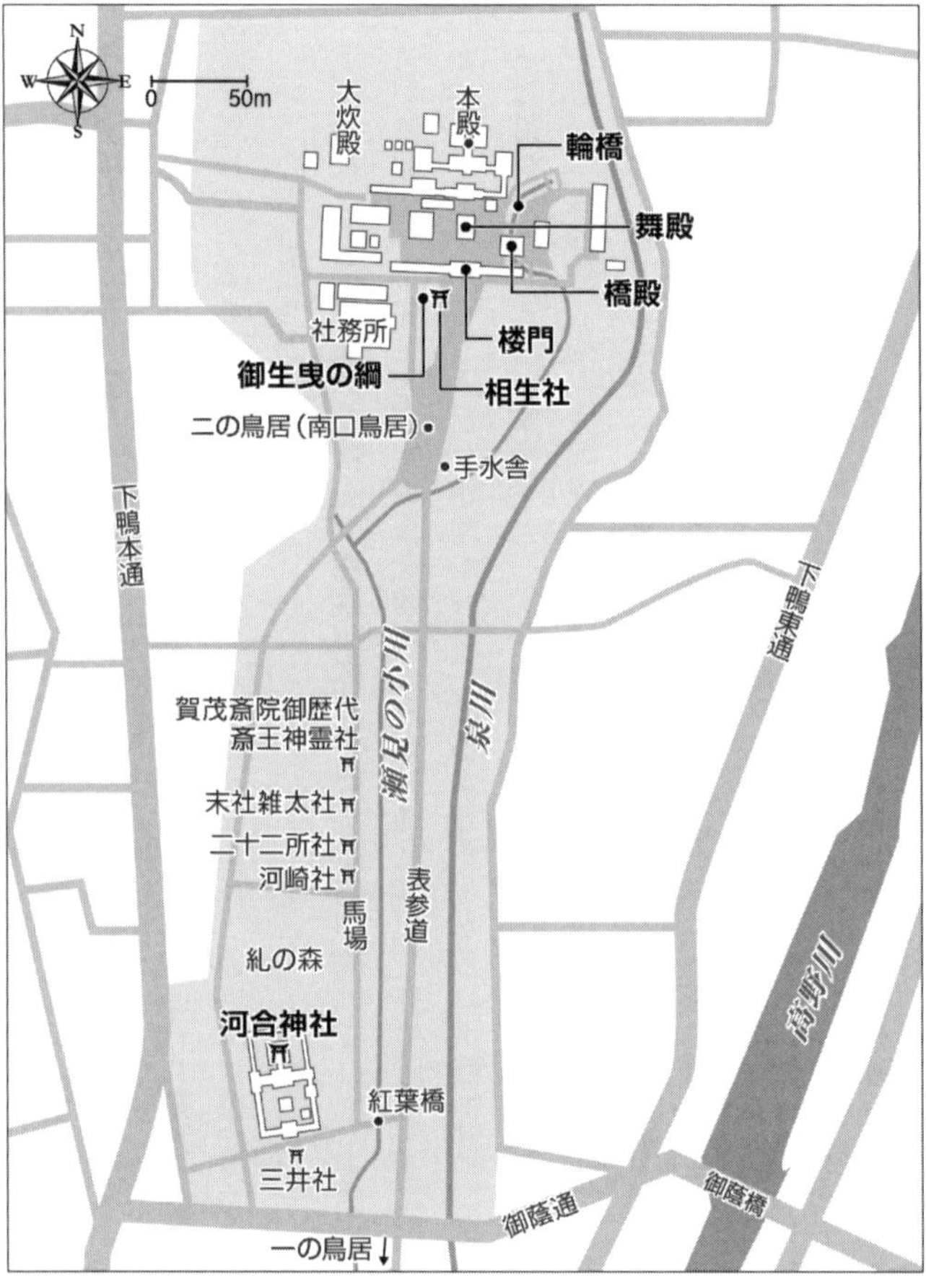
N
W
E
S
0
50m
大炊殿
本殿
輪橋
舞殿
橋殿
社務所
楼門
御生曳の綱
相生社
二の鳥居（南口鳥居）
手水舎
下鴨本通
下鴨東通
瀬見の小川
泉川
賀茂斎院御歴代斎王神霊社
末社雑太社
二十二所社
河崎社
馬場
表参道
糺の森
河合神社
紅葉橋
三井社
高野川
御蔭通
御蔭橋
一の鳥居

下鴨神社

稀なことだと思います。つまり神社は、それが建っている場所がだいじだということです。

お寺さんがご本尊を別の場所に移して引っ越すことはよくあっても、神社のご神体を移動させることはむずかしいのです。なぜなら神さまはその地と一体だからで、神さまがその地を選んで居を定められたからです。

神さまにお引っ越しいただくなど畏れ多いことですから、神社はずっとその場所にあって、そこに生まれたひとだけでなく、訪れるひとたちみんなを護っています。

「下鴨神社」へは下鴨本通から直接本宮へ向かう道筋もありますが、御蔭通の表参道から糺の森を抜けて参拝されることをお奨めします。そのほうが神社の成り立ちがよく分かるからです。

賀茂川からなら出町橋の東のたもとから北へ上り、一の鳥居をくぐってから御蔭通を渡り、表参道をまっすぐ進みます。

「下鴨神社」の社叢林である糺の森は、賀茂川と高野川が合流する三角州にあります。ふたつの川が合わさるところにある三角州は鴨川デルタとも呼ばれていて、小説の舞台になったり、ドラマのワンシーンに登場することでもおなじみの場所です。

河合神社と鴨長明

「下鴨神社」の多くの社殿は〈本宮〉のなかに建っていますが、「河合神社」や「相生社」などは糺の森のなかにあります。まずは入口に近い「河合神社」から参拝しましょう。河が合わさったところにあるから「河合神社」。分かりやすい名前ですね。

表参道から紅葉橋をわたり、東鳥居をくぐります。四脚門から入ると、正面に拝殿が見え、右手には復元された方丈の姿が目に入ってきます。ただし、この方丈の庵は時折り移設されるので、姿を隠すこともありますからご注意ください。

新古今和歌集にある鴨長明の歌です。今わたってきた紅葉橋の下を流れているのが、瀬見の小川です。

―石川や　瀬見の小川の　清ければ　月も流れを　たづねてやすむ―

鴨長明が表した方丈記の冒頭は、誰もが覚えている文章ではないでしょうか。

―行く川のながれは絶えずして、しかも本の水にあらず。よどみに浮ぶうたかたは、かつ消えかつ結びて久しくとゞまることなし―

いわば日記でもある方丈記には、身の回りに起こった天災や飢饉などを書き綴り、世のなかの無常を表した随筆集ですが、作者の鴨長明はこの辺りに住まい、この方丈と名付けられた、小さな草庵で執筆したと言われています。

女性守護として信仰をあつめる神社らしく、絵馬が手鏡の形をしているのがおもしろいところです。

下鴨神社を愉しむ手掛かり

「河合神社」の参拝を済ませたら、表参道へと戻りましょう。

うっそうとした参道は昼間でも薄暗く、両側から覆いかぶさるように枝葉が伸び、夏は日陰となっていくぶんひんやり感じます。

森のなかを歩くような参道を進み、二の鳥居をくぐると左手に「相生社」が見えてきます。

祠の横にご神木が植わっていますので、近くに寄ってよく見てみましょう。

これは〈連理の賢木〉と呼ばれていて、縁結びに絶大なご利益があるとして、若い女性を中心に人気を呼んでいるようです。

木には三本の幹が生えているのですが、そのうちの二本の幹が途中からひとつに結ばれているのが分かります。この絡まった二本の幹を夫婦に見立て、残りの一本の幹を子どもとする。家庭円満、夫婦和合の象徴ともされていて、それゆえ縁結びにご利益があるとされているのです。

〈御生曳の綱〉が二本結び付けられ、これを曳いて願えば、縁が結ばれ、あるいは子宝に恵まれるとされていますから、願望をお持ちの方はぜひ曳いてみてください。

〈楼門〉をくぐりなかに入ると、正面には〈舞殿〉が建っています。

葵祭の時には天皇の勅使が御祭文を奏上し、舞楽が奉納される重要な場所です。

葵祭は京都三大祭りのひとつに数えられますが、時代祭は明治時代にはじまった歴史の浅い祭りですし、祇園祭とて千二百年ほどの歴史ですが、葵祭は少なくとも千五百年ほど前から行われていて、京都で祭りといえば葵祭のことを指すほど、長い歴史を誇っています。時代祭りは言ってみれば仮装行列ですし、祇園祭は庶民の祭りなのに対して、葵祭は貴族の祭りとも言われ、源氏物語にも登場する格式高いお祭りです。

その葵祭で奏上される御祭文は、紅紙に書かれるのですが、天皇の勅使を迎えて奏上される全国十六社のなかで紅紙は、「上賀茂神社」と、ここ「下鴨神社」だけだそうです。ちなみに「伊勢神宮」はただ一社だけ、縹色と決められているといいますから、上賀茂と下鴨、京都の二社がいかに特別な存在かということが分かろうというものです。

御手洗池から流れる御手洗川、そこに架かる〈輪橋〉と、その下流に建つ〈橋殿〉が、もっとも「下鴨神社」らしい光景かと思います。

「上賀茂神社」もですが、「下鴨神社」は近くに川が流れていることもあって、境内を歩いていると、水の流れが印象に残ります。小さなせせらぎ、水が湧き出る池、心身を浄めるのに格好の神社なのです。

御手洗池は門前菓子とされる、みたらし団子発祥の地でもあります。

古く後醍醐天皇が行幸された折、この御手洗池で水を掬おうとすると、最初にひとつ大きな泡が出、その後四つの泡が出てきたといいます。池から水が湧き出ているのです。

そのことを伝え聞いたひとが、この泡に倣って、串の先にひとつ、少し間を開けて四つの団子を差して焼き、餡をからめた菓子を作ったところ、たちまちのうちに評判を呼び、大人気となったと伝わっています。池の名前を取って御手洗団子とされたのが、今日全国に広まっている、みたらし団子の始まりなのです。

そして御手洗池から流れ出た水は小さな川となり、そこには〈輪橋〉と呼ばれる朱塗りの反り橋が架かっています。〈輪橋〉のほとりに植わる紅梅の樹形をよく見てみてください。見覚えがあると思われた方も少なくないでしょう。この紅梅は、かの尾形光琳が紅白梅図屏風に描いた梅の木のモデルとされ、〈光琳の梅〉と呼ばれているのです。

こんな話を頭に浮かべながら御手洗池を見ると、さまざまな情景が浮かんできます。

名所にはかならずといっていいほど物語が潜んでいますので、それを知ったうえで名所巡りをすると、よりいっそう味わいが増します。

中門をくぐってなかに入ると、少しばかり他の神社と異なることに気付くかと思います。

それは言社の存在によるものです。

他の神社でいう拝殿にあたる幣殿の前には、七つの小さな末社が建っています。七つの名を持つという大国主命を祀っているのですが、それぞれ十二支を守護する神としても祀られているのです。

〈一言社〉〈二言社〉〈三言社〉とあり、たとえばぼくの干支である辰は、本殿に向かって左にある〈三言社〉のなかの八千矛神を祀る社です。初詣に行っても、家族それぞれが別々の社に向かって祈るのは、ちょっと珍しい光景ではないでしょうか。

「上賀茂神社」もそうでしたが、「下鴨神社」は二の鳥居の外にも広い境内を持っていて、近所に住まう人々の憩いの場にもなっています。

鎮守の森という言葉があるように、本来神社というものは、その地の安寧を保つ役割を持ち、そこに集うひとたちの交流の場でもあります。上と下の賀茂社は、そんな神社の原型を今に伝える貴重な神社なのです。

矢来餅の隠れた名店「ゑびす屋加兵衛」

京都で焼餅と言えば、「上賀茂神社」の門前菓子が有名ですが、「下鴨神社」の近くにも焼餅のお店があり、そちらでは矢来餅と名付けられています。

「下鴨神社」の祭神は、賀茂建角身命とその娘玉依媛命ですが、その夫とも言える存在の火雷命は、丹塗矢の姿をして賀茂川を流れてきて玉依媛命に子どもを授けたと言われています。

矢が来て子宝に恵まれたという慶事にちなんで、矢来餅と名付けられたというわけです。

お店の名前は「ゑびす屋加兵衛」と言い、神社近くの下鴨本通に支店、下鴨中通に本店があり、どちらでも矢来餅を買い求めることができます。

一個ずつ包装してありますので、しばらくは皮がかたくならずおいしく食べられます。ばら売りしているので、買い食いも可能ですし、小さなイートインスペースもあってお茶とセットになったメニューもあります。行列ができるようなことはありませんから、時間を無駄にすることがないのもうれしいですね。

京都洋食のお手本「グリル生研会館」

下鴨本通に面したビルの一階にあるお店は「グリル生研会館」と少し風変わりな屋号ですが、京都人御用達の洋食店として、長く愛され続けています。

生産開発科学研究所という、いかめしい名前のビルですが、お店はアットホームな雰囲気で、通りに面した壁にはガラスブロックがはめこんであるので、明るい店内で極上の京都洋食を味わうことができます。

ハンバーグ、海老フライ、クリームコロッケなど、洋食の王道メニューがセットになったスペシャルランチが一番のお奨め。サラダとライスがセットになっていますので、ていねいに作られたポタージュスープを追加すれば、完璧な午餐になります。

京都洋食のお手本となるようなランチは人気が高く、時分どきには混み合いますので、少し時間をずらしたほうがいいと思います。

京都らしさがにじむ喫茶店「コーヒーハウスマキ」

河原町通沿いの葵橋近くにある「コーヒーハウスマキ」は、むかしながらの京都の喫茶店です。朝八時半の開店から夕方の閉店まで、途切れることなくお客さんがやってきます。今風のおしゃれなカフェとは違って、取り立てて映えるようなメニューはありませんから、落ち着いたおとなの時間を過ごすことができます。

香り高いコーヒーや、オーソドックスなサンドイッチを愉しんでいると、時間がゆっくり流れていることに気付きます。

かつての京都にはこういう喫茶店が町のそこかしこにあったのですが、今では貴重な存在となりました。

「下鴨神社」を参拝する前に、この店でモーニングセットを愉しむのを恒例とされている京都通の方も少なくないようです。

余談になりますが、かつてぼくの医院近くに支店があって、よくコーヒーを飲みに行ったのですが、唯一の難点がタバコの煙でした。今では全席禁煙になってますので、嫌煙家の方も安心して入れます。

和のアフタヌーンティーから本格懐石まで「下鴨茶寮」

「下鴨神社」の行き帰りにこのお店を外すことはできません。老舗料亭の「下鴨茶寮」は、安政三年創業という長い歴史に裏打ちされた伝統と、常に進化する革新性を併せ持った料理で、年々その人気を高めています。

よく手入れの行き届いた料亭で、昼も夜も本格懐石を愉しめますが、穴場とも言えるのが午後二時から五時までのあいだだけ提供される、和のアフタヌーンティーです。日によって内容は変わりますが、だし巻きサンドや手鞠寿司といった軽食から、あんみつ、大福、あんぱんなどの甘党メニューまで、少しずつ盛り合わせられています。これを抹茶やコーヒーと一緒に愉しめることは、あまり知られていません。

またお持ち帰り弁当も何種類かありますので、お店で受け取って糺の森や賀茂川の河原でお弁当を広げるのも一興です。かならず前日までに予約をしておいてください。

もちろん時間とふところに余裕があれば、お座敷で懐石料理を味わうというぜいたくもお奨めです。

極みのお豆腐がいただける「てづくりとうふ　すがい」

「下鴨神社」の西参道から下鴨本通に出て北へ少し歩き、松ヶ崎通を東へ入ってすぐ北側にあるのが「てづくりとうふ　すがい」というお豆腐屋さんです。

その名のとおり、手作りされたお豆腐が人気のお店。〈極〉と名付けられたにがりとうふや、〈通〉という絹ごしとうふなど、どれもがむかしながらの製法でていねいに作られています。

京都のお豆腐は京名物と言われながら玉石混淆、飛び切りおいしいものもあれば、工場で大量生産された並のものも京豆腐と呼ばれています。

支店もデパ地下店もなく、ここでしか買えないというのが魅力です。さしみ湯葉や飛龍頭、油揚げなど手作りならではの商品は京土産としてもお奨めします。

この豆腐などを使った料理が二階のサロンで食べられるのですが、あいにくふたりからの予約制なので、おひとりはテイクアウトだけになります。ひとりでも食べられるようになればいいなぁと願っています。

第五章

洛南の名所を歩く

東本願寺と西本願寺

三大武将に翻弄され東と西に分かれた本願寺

京都を旅していて、「東本願寺」を見たことのないひとなど、きっとおられないでしょう。京都駅のすぐ北側にあって、広大な敷地を有する寺は、京都の寺院界を代表するビッグスターでもあります。

正式名称は「真宗本廟」。都人は親しみを込めて〈おひがしさん〉と呼んでいます。堂々たる〈御影堂〉の姿は、山門をくぐらずとも外から見えます。その威容を目の当たりにすると、きっとこれも世界文化遺産だろうと思われるでしょうが、残念ながら指定されてはいません。世界遺産として登録されているのは「西本願寺」だけなのです。

なぜかといえば「東本願寺」は大火によって、幾度も消失し、今の建物は指摘基準を満たしていないからだそうです。一定の年数を経ていないと、世界遺産としての価値を認めない、ということです。

裏を返せば、時が経てば指定される可能性も残されているということ。それは〈御影堂〉の堂内に入って、広大なスペースに圧倒されれば実感できると思います。

そしてただ広いだけではなく、訪れた参拝客を包み込むような、そんなおだやかな空気が流れていることに気付きます。訪れた多くの人々が畳に座り込み、呆然として周囲を見回しているのです。

先刻ご承知かと思いますが、本願寺が東と西のふたつに分かれたのは、戦国武将が宗派と対立したのが切っ掛けと言われています。

本願寺は鎌倉時代の僧、浄土真宗の開祖である親鸞没後、その廟堂から発展した浄土真宗本願寺派の本山です。それはしかし、今の「西本願寺」を言い、そこから分かれた「東本願寺」は分家筋に当たると言われています。

では、なぜふたつに分かれたかといえば、織田信長と浄土真宗本願寺派が対立したことから、内部で意見が分かれてしまったからだそうです。

十年にも渡って戦いが続き、信長側が勝利を収め、その結果、大坂にある「石山本願寺」の顕如と講話を結ぶことになります。

これで話が終われば一件落着だったのですが、顕如の長男である教如が反旗を翻し、ふたたび信長と対立し始めました。

顕如が去った後も教如は寺に残り、一時的に籠城して抵抗しますが、結局は敗残してしまいました。このことが後々尾を引くことになるのですから、政治と宗教の力学はむずかしいものです。

時は流れ、「石山本願寺」は火災によって消失してしまいます。そして秀吉によって寄進された土地に、新たに本願寺が建立されることになったのです。これが今の「西本願寺」です。「石山本願寺」の跡に建ったのが大阪城だということも興味深いですね。

跡継ぎは教如となるはずでしたが、信長の信奉者である秀吉が難色を示し、三男の准如に跡を継がせました。

しかし時代の変遷が、新たな展開を生みます。

関ヶ原の戦いで勝利し、天下を取った家康が教如に肩入れするのです。敵の敵は味方、といったところでしょうか。当時の本願寺の近くの広大な土地を教如に寄進し、新たな本願寺を作らせてしまいました。

こうして元の本願寺が「西本願寺」となり、新たな寺が「東本願寺」になったというわけです。

信長、秀吉、家康の三大武将によって翻弄され、東と西に分かれた本願寺が今に至っているのですね。そんなことに思いを馳せながら、〈御影堂〉を見上げると、武将たちの顔が浮かんでくるから不思議です。

一般のお寺だと本堂と呼ばれる建物は、「東本願寺」では〈阿弥陀堂〉と呼ばれていて、黄金に輝く堂内は、さながら極楽浄土。〈御影堂〉との対比がおもしろいですね。

〈御影堂〉から渡り廊下を伝って行ける〈ギャラリー〉も一見の価値がありますが、ぼくのお奨めは〈御影堂門〉近くにある〈お買い物広場〉。ここでしか買えないオリジナルグッズはちょっと変わった京土産として最適だからです。

〈お東〉に掛けた〈おひがし〉と名付けられたお菓子や、木版画を印刷した小箱に入った豆菓子〈おひがしさん〉、和三盆を使い〈御影堂〉を模った〈おひがし〉など、なかなか洒落たネーミングとパッケージです。さらには赤、青、黄を基調にした〈こんぺいとう〉は、和紙に包まれた筒に入っていて、食べるのが惜しまれるほど愛らしい菓子。どれも手頃な値段で、かつ日持ちもするので手軽な京土産にはぴったりです。ただし商品は入れ替わりがあるので、おなじお菓子がいつもあるとは限りません。先に挙げたのはほんの一例です。

徳川家と深い関わりを持つ渉成園

京都駅から徒歩圏内にあり、季節を問わず美しい眺めを得られる庭園ながら、多くが素通りしてしまっているのは、なんとももったいないことだとここを訪れるたびに思います。東は河原町通、西は間之町通、北は上珠数屋町通、南は下珠数屋町通と、広大な敷地を持つ名勝「渉成園」は「東本願寺」の飛地境内という位置づけで、周囲に枳殻の生け垣を巡らせたことから「枳殻邸」とも呼ばれています。

入口は西側ですので、正面通からたどるのが便利です。ＪＲ京都駅からなら七条烏丸を経て、北東に歩くとほどなく石垣が見えて来ます。

黒門をくぐって受付へ。他のお寺のように定められた拝観料ではなく、志納金、つまり寄付金という形を取っています。下限は五百円のようですが、写真集とも思えるような立派なカラーグラビアの冊子をいただけるので、五百円では申し訳ないくらいです。

徳川家と深い関わりを持ち、三代将軍徳川家光から寄進された土地を、宣如上人が隠居所として定めたことから「渉成園」は始まったと言われています。

中国の文学者陶淵明の詩作〈帰去來辞〉の一節―園日渉而成趣―からその名を付けたのだそうです。

園は日に渉り、以って趣を成す。つまり庭園は時間を掛けてこそ趣きが出て来るもの。そんな意味だろうと思います。

実際に作庭したのは石川丈山。洛北「詩仙堂」を開いたひとですね。

池泉回遊式庭園にはいくつも見どころがあるが、そのたどり方、謂れについては冊子に詳しく記してあるので、それを読みながら散策されるのがベストだと思います。ざっとご紹介しておきます。

受付を通って、まず目に飛び込んでくるのは正面の高石垣。城壁の一部のようにも見えますが、近づいてよく見てみると、石臼や瓦、礎石や切石など多様な石材を組み合わせて、不思議な形に積み上げられています。日本庭園には珍しい不規則が生み出す美は、少し現代アートにも似ているようです。

庭園の入口を通って左に〈臨池亭〉、その奥に〈滴翠軒〉と名付けられた茶室が見え、池を挟んで対岸には〈代笠席〉と呼ばれる煎茶席があります。代笠とは、人里離れた地を訪れた旅人が笠の代わりにして、雨宿りする席を言うのだそうです。粋な言葉ですね。

小さな池から鑓水に沿って歩くと、意表をつくデザインの建物に出会います。それが〈傍花閣〉。文字通り桜の花の傍らに建つ楼閣ですが、持仏堂の山門という意味合いも持っているようです。

入口で見かけた高石垣とは対照的に、意匠も含めて、みごとにシンメトリーが保たれています。再三の大火に見舞われた「渉成園」ですから、ほとんどすべての建物は明治以降に再建されたものだそうですが、それでもこの〈傍花閣〉などはもっと評価されてしかるべき建築だろうと思います。洛南でこれに類する建築は見たことがありません。桜咲く春にはきっとみごとな景色を見せてくれるに違いありません。

春に訪れたいのが〈傍花閣〉なら、秋に訪れたいのは〈丹楓渓〉です。

木造の橋〈回棹廊〉の北側にあって、秋になるとみごとな紅葉を見せてくれます。池に落ちた紅葉がゆらゆらとゆらめく様子は、思わず写真に収めたくなるほどです。

〈傍花閣〉も〈丹楓渓〉も、桜や紅葉の名所として知られているわけではありませんので、ピーク時でもさほど混雑しないのも魅力です。穴場として覚えておいてください。

いくつもある建物は、特別公開時を除いて内部を公開していませんので、外から様子を窺うのみですが、外観だけでもそこに建っている価値は充分に伝わって来ます。

敷地の大半を占める大きな〈印月池〉の眺めが「渉成園」のハイライトと言ってもいいでしょう。

池に浮かぶ小島と、それを結ぶふたつの橋、〈回棹廊〉と〈侵雪橋〉。どちらも素晴らしい景観を作り出しています。池の名は東山から上る月影を池に映す姿から取られたそうです。残念ながら夕刻に閉園となるので実際にその様子を見ることはできませんが、いつか名月の夜にそんな光景を眺めてみたいですね。

ちなみにこの〈印月池〉、最近では〈印塔池〉との異名があるそうで、それは〈侵雪橋〉越しに見える京都タワーを池に映すからだということです。誰が言い出したのかは不明ですが、うまいこと言ったものです。

もちろんこの庭が造られたころには、京都タワーなど影も形もなかったのですが、まるではるかむかしから、この池にその姿を映していたかのように佇んでいるのが不思議です。

そしてこの〈印月池〉には九重の石塔が建っています。

これは源融ゆかりの塔で「渉成園」が築造される前からこの近くにあったと言われています。もともとあった笠はなくなり、その代わりに宝篋印塔の笠が置かれています。源融の供養塔にふさわしく、塔身には四方仏が刻まれています。

「渉成園」の界隈は、源融が営んだ六条河原院の旧蹟という説があって、石塔だけでなく、庭園の随所に置かれた〈塩釜の手水鉢〉や〈塩釜の井筒〉がそれを象徴しています。

源融は六条河原院を作る際、奥州塩釜の風景を模して作庭したと言われ、念の入ったことに、池の水は瀬戸内から海水を運ばせたとも伝わっています。優雅というか、なんともぜいたくな話です。そんな源融ゆかりの景物が残されていますが、実際にはもう少し北東方向に六条河原院はあった、という説もあります。

京都駅から至近距離にありながら、圧倒的な空の広さ、伸びやかな庭、ふたつの池を彩る景物、そして季節の花々。さらには源氏物語ゆかりの地と、たくさんの魅力を秘めた「渉成園」には四季ごとに訪れたいものです。

西本願寺の足元には可愛らしい出会いがある

地図でご覧いただければよく分かるかと思いますが、東と西の本願寺は少しばかり離れていますので、通り抜けて、とはいきません。「東本願寺」から烏丸通に出て、いったん七条通に戻り、西へと進んで堀川通まで歩くことになります。

一見するとおなじようにも見えなくはありませんが、烏丸通に面した「東本願寺」の〈阿弥陀堂門〉は、重厚な造りながら、装飾も少なく、やや淡白な印象を受けます。それに対して「西本願寺」の〈阿弥陀堂門〉は優美な曲線と金色の装飾が目を引き、安土桃山文化の絢爛さを今に伝えているように見受けられます。

見どころの多い「西本願寺」。まずは国宝にも指定されている〈唐門〉をつぶさに観てみましょう。

お寺の南側、北小路通にあって、国宝でありながらいつでも気軽に拝観できるのがありがたいですね。柵こそありますが、すぐ前まで近寄ってじっくりと観ることができます。

秀吉が伏見城から移築したと言われる〈唐門〉は以前、〈御影堂〉の前にあったそうですが、多くが観られるようにと現在地に移したそうです。

別名を〈日暮らし門〉と呼ぶだけあって、多彩な装飾を施した門は見飽きることがありません。

国宝をここまで間近に観る機会など、そうそうあるものではありません。日が暮れるまでつぶさに観ておきましょう。

扉には十六面の一木造りによる唐獅子の彫り物が躍っています。上方の梁のあいだには、内側に向かい合う不思議な動物が彫られています。

全体の形は鹿によく似ていて、顔は龍のように見えますし、馬にも見えなくはありません。どこかで見たような気もしますが、実在の動物とは少し違うようです。

これは麒麟と呼ばれる伝説上の生きものなのです。動物園にいる、あのキリンではありません。鳥類の長が鳳凰なら、獣類の長は麒麟。そう言われるほど神聖、かつ敬われるべき幻の生きものだそうです。

どこかで見たような気がする、と思ったのはビールのラベルに描かれているあの麒麟とおなじような絵だったからです。デザインを決める際に、キリンビールはこの唐門の麒麟を参考にしたというのですから、似ていて当たり前ですね。

動物のキリンはどうか分かりませんが、この麒麟は千年以上も生きると言われていますから、長寿のシンボルですね。

〈唐門〉を見終えたら、境内に戻りましょう。

向かって左手に〈御影堂〉、右手に〈阿弥陀堂〉と、ふたつのお堂が建ち並んでいるのは「東本願寺」とおなじですが、配置が逆になっていますね。似ているようで違いがあるのが、東と西の本願寺です。

板張りの廊下で結ばれたふたつのお堂は、どちらも威風堂々といった佇まいです。〈御影堂〉の手前に設けられた向拝の両側に、雨水を受けるための石が置かれています。この脚元をよく見てください。

石を支えようと必死の形相で踏ん張っている石像が目に入ると思います。

これが世に言う天邪鬼です。ほかに逆らったり気まぐれな言動を天邪鬼と言いますが、その正体はこんな感じなのです。意外とけなげなんですね。

ぜんぶで八体あって、それぞれ表情も動作も違うので、見比べてみると思わず笑みが浮かぶほど、どれもユーモラスな石像です。

仏教における天邪鬼は人間の煩悩の象徴とされているそうです。それがなぜ、ほかとは違うことをする気まぐれなことを言うようになったのか、不思議な話ですね。

宗祖である親鸞聖人の木像を安置する〈御影堂〉は十年以上もの歳月を掛けて平成のなかごろに大改修をしました。そのあいだは覆いが掛けられていて全容を見ることは叶いませんでした。〈唐門〉もしかりで、修復中は拝観できなかったのです。令和の今日、すっきりした姿を見られるのはなんともありがたいことです。

奥には〈書院〉、左手前には〈滴翠園〉と〈飛雲閣〉があり、どちらも多くの見どころがありますが、なんといっても〈御影堂〉の存在感に圧倒されます。

驚くほど高い天井、力強くも太い柱、そして凝った細工が施された虹梁。思わず背筋が伸びる崇高な空間は、世界遺産に登録されていることを実感させてくれます。

その虹梁を見上げながら、広縁から渡廊下伝いに〈阿弥陀堂〉へと進みましょう。

渡廊下ではありますが、ここにも実は見どころが隠されています。

禅語に「看脚下」という言葉があります。文字どおり足元をよく見なさい、という意味ですが、この廊下を歩くときにはぜひこの言葉を思い出してください。

廊下に張り巡らされた板のあちこちに、動植物や景物を象った埋め木がちりばめられているのです。

鹿、もみじ、瓢、富士山、壺、梅や傘、なかにはハート形に見える埋め木があります。きっと修復する際に、参拝客の心を和ませ、愉しませようとした大工さんたちの遊び心だと思います。

しかしそれは、絶えず足元をよく見なさいという仏の教えにも通じるものでもあったのでしょう。

気付くことなく、ただ前を向いて歩いていくひとがほとんどなのは、少しばかり残念な気がします。声を掛けて教えてあげたいようにも思いますが、余計なお世話かもしれませんね。

お寺に限ったことではありませんが、見慣れた光景であっても、注意深く見ると新たな発見があるものです。ただの廊下が、ただの廊下ではない、そんなところが京都なのだと、この渡り廊下を歩くたびに思います。

京都生まれのとんかつ屋「とんかつ一番」

京都ととんかつ。ミスマッチのように思えますが、京都には存外とんかつのおいしい店があります。

その代表とも言えるのが「とんかつ一番」。そのものズバリの屋号です。「西本願寺」の南、大宮通のひと筋東の黒門通に面したお店には、豚の顔をデザインした赤い提灯がぶら下がっています。

調理場との境にカウンター席があり、あとはテーブル席。昭和レトロな空気を醸しだす店内はいつも賑わっています。場所柄もあって地元客が多いのですが、噂を聞きつけた外国人観光客もちらほら見かけます。

屋号のとおり、とんかつがメインですが、チキンライスやオムレツ、ハンバーグステーキといった洋食全般、豊富なメニューに目移り必至のお店です。

お奨めはとんかつ弁当。松竹梅と三つのランクに分かれますが、いつも真ん中の竹を選んでしまいます。丸いお弁当箱にご飯ととんかつ、副菜が盛られていて、お漬物とみそ汁が付きます。

近頃のとんかつ屋さんは、断面を見せるためにひと切れだけ立てたりしますが、このお店では衣が上になった状態できちんと並んでいて、自信のほどがうかがえます。

そうそう、とんかつってこういう味だったなぁと、食べればにんまりしてしまうのも「とんかつ一番」ならではです。

場所が少し分かり辛いのですが、わざわざ訪れる価値は充分あります。

名物のおはぎが絶品の「松屋」

七条通を挟んで、「東本願寺」の南向かい、烏丸七条の交差点南西角から二軒目の小さな和菓子屋さんには、〈名物　おはぎ　松屋〉と書かれた横長の白い暖簾が掛かっています。「松屋」は干菓子やもなかなども商う和菓子屋さんですが、なんといっても名物のおはぎに強く魅かれます。

お店の入口に置かれたサンプルケースに飾られたおはぎは、黒々として、どっしりとしていて、いかにもおいしそうです。ばら売りしていますから、一個から買えるのもうれし

い お店。

さてそのおはぎ。どっしりとした重さと大きさが最大の特徴です。大ぶりのハンバーグのような見た目はインパクト抜群で、果たして食べきれるだろうかと、不安に思いながら食べてみると、あっさりした甘さのなかに微かな塩気が潜んでいて、なんの苦もなく食べきってしまえます。

とかくこういう大きさをアピールする食べものは味わいに乏しいのですが、このおはぎはていねいに作られていることが分かりますし、ふつうの大きさだったとしても買い求めるだろうと思うおいしさです。虫養いには格好のおはぎをぜひ。

名もなき細道に名店あり「和・にち」

ほっこり和める和食を愉しめるお店が少なくなったように思います。

やたらと凝り過ぎていたり、おまかせコース一本槍だったり、おまけに一斉スタートだったりと、なんだかゲームのような、オンステージのような、そんなお店が人気を集めているのが今の京都の和食事情です。

お酒を呑みながら、ちょっとした前菜をつまみ、魚を焼いてもらったり、天ぷらを揚げてもらって気ままな時間を過ごせるお店は貴重な存在になりました。

「東本願寺」から南へ、新町通から木津屋橋通へ入って、名もなき細道に店を構える「和・にち」はそんな貴重な一軒です。

初めてだとかならず迷うほど入り組んだ路地にありますので、観光客が通り掛かりに入ることはまずありません。たいていはおなじみさんですから、お店のなかの雰囲気はいつも和気あいあいとしています。

カウンター席と小上がり席、二階にはテーブル席もありますから、ひとりでも大勢でも愉しめます。

ランチタイムのお奨めは、お造りか天ぷらか焼魚かのメインを一品選び、小鉢とサラダとご飯、みそ汁がセットになって、コーヒーか紅茶も付いてくる一軒完結型のランチです。

夜ともなれば先に書いたような小料理屋さんの本領を発揮し、家族経営ならではのアットホームな雰囲気のなかで、おいしい時間を過ごせます。ＪＲ京都駅からも近いので、アクセスは至便。昼も夜も使い勝手のいいお店です。

隠れ銘菓うすばね「菱屋」

「西本願寺」の北側、花屋町通を西へと進み、大宮通を越えて少し南に続く通りをさらに西へ進むとやがて古い花街島原へと行き着きますが、その手前にあるのが「菱屋」です。

一見したところ、どこにでもあるような和菓子屋さんですが、この店の名物菓子〈うすばね〉は知るひとぞ知る隠れ銘菓です。

創業は明治十九年と言いますから、優に百三十年を超える老舗のお菓子屋さんです。お店のショーケースにずらりと並ぶあられ菓子はすべて手焼き。種類が多すぎて迷うかもしれませんが、一番のお奨めは〈うすばね〉。その名のとおり、紙のように薄いあられは淡い醤油味が付いていて、そのはかなげな食感も相まって、いかにも京都らしい上品なお菓子です。

ここでしか売っていませんからお土産に最適なのですが、持ち運びに注意しないと割れてしまいます。たいせつに持ち帰ってください。

むかしながらの食堂「みやこ食堂」

前後してしまいましたが、「菱屋」の手前、花屋町通沿いに建つ「みやこ食堂」もお奨めの食堂です。

朝九時から夜八時半までの通し営業ですから、いつでも気軽に入れるのがありがたいですね。

近頃はおまかせコースしかないような、名ばかりの食堂も少なくありませんが、ここは正真正銘、たくさんのメニューから好きなものを選べる、むかしながらの食堂です。

うどんやそばといった麺類から、丼もの、定食にいたるまで、とにかくメニューが豊富なのがこの店の最大の特徴です。加えて価格も安くておいしいのですから流行らないはずがありません。

かけうどんをはじめとして、ワンコインで食べられるメニューもたくさんありますし、お店のなかに置かれたガラスケースのなかのいなり寿司や巻き寿司を足しても、千円以下で済むのもうれしいところです。

京都のお店は高いとよく言われますが、こんなお店で食べるとそのイメージは一新すると確信します。

伏見稲荷大社と平等院

千本鳥居の前に本殿へ

御鎮座千三百年を優に超える「伏見稲荷大社」は、年々その賑わいが増してきているように思います。

もちろん以前から多くの参拝者が訪れていましたが、それは商売繁盛を願う人々が主で、若いひとたちがこの神社をお参りする姿はあまり見かけなかったと記憶しているのですが、今や老若男女を問わず、海外からの観光客も含め、連日たくさんの参拝客で賑わっています。

そしてそのお目当ては、と言えば、誰がなんと言っても千本鳥居です。

おびただしい数の鳥居が稲荷山に向かって連なる様子は、いわゆる〈映え〉が際立っているのでしょう。

お参りする、というより千本鳥居のトンネルのなかで写真を撮ることが目的のようですから、お稲荷さんも苦笑いされていることでしょう。

「伏見稲荷大社」は、稲荷山の三つの峰に、それぞれ三つの柱を祀ったことからはじまりました。

全国に三万社ほどもあると言われる稲荷神社の総本山です。三万という数字に驚きますね。稲荷信仰が日本人の心根に沁みついているあかしで、そのトップの位置にあるのが「伏見稲荷大社」というわけです。

アクセスはＪＲ奈良線、京阪本線、京都市バス、と多彩です。ＪＲ京都駅からもそう遠くないので、参拝しやすい神社だと言えます。

京阪本線の伏見稲荷駅からたどる道筋にも飲食店や土産物屋さんが並んでいて、迷うことはありませんが、ＪＲ稲荷駅のほうなら改札口を出てすぐ狐像や大鳥居が迎えてくれますので、より便利なアクセスになります。

鳥居をくぐり、広い石畳の参道をまっすぐ進めば、やがて二番鳥居が見え、それをくぐると、堂々たる楼門が正面に建っています。

左手にある手水舎でまずは身を浄めましょう。

楼門は天正十七年に秀吉の手によって造営されたと伝わっています。

その楼門の前、両側に建っているのが神狐です。ふつうなら狛犬になるところが、ここではさしずめ狛狐というわけです。

左右の狛犬が阿吽の形相をしているのとおなじように、この神狐も左右で異なる形をしています。よく見ると口にくわえているものが違うのです。

向かって右側の狐は玉を、左側の狐は鍵をくわえています。

これは玉鍵信仰に基づくものと言われ、玉は稲荷神の霊徳の象徴であり、鍵はそれを身に付けようとする願いを表すものです。

お稲荷さんはもともと、土着の神さまと稲作の神さまが合体したものと言われ、稲との関わりが深いのです。玉はご祭神である稲の霊、ウカノミタマの魂を表し、鍵は稲を刈り取る鎌、あるいは稲を畜える蔵の鍵を表していると言われています。いずれにしても、稲につながるものを神の狐がくわえているということなのです。

稲荷神の使いである狐は、稲作の豊穣を願い、そこから五穀豊穣、商売繁盛へとつながっていったのです。

楼門から本殿へと進みます。初詣のときなどは、お賽銭を納めるにも苦労するほどの混雑ですが、多くは千本鳥居へ足早に向かいますから、さほど混み合うことはありません。

応仁二年に焼失しましたが、明応八年に再興されました。重要文化財にも指定されている本殿は、安土桃山時代へと進んでいく絢爛さが一番の特徴です。金具や蟇股などの意匠は、時代背景を色濃く映しています。

千本鳥居を抜けて京都最強のパワースポットへ

お参りを済ませ、本殿から奥、東南方向に進むと、いよいよお目当ての千本鳥居が待ち受けています。

お稲荷さんといえば千本鳥居。「伏見稲荷大社」のシンボルと言っても過言ではないでしょう。

稲荷山へと誘うように、隙間なくぎっしりと並ぶ朱の鳥居は、どこか異界へと通じているような気がします。

千本と名付けられてはいますが、実際には大小合わせて軽く一万基は超えると言われています。

鳥居にはそれぞれ寄進したひとの名前が記されていて、なかには著名人の名もあり、それを読み解くのも一興です。

お稲荷さんを崇敬する人々が感謝の念を表し、お稲荷さんに祈りを込めるために鳥居を奉納する習わしは、江戸時代にはじまったと伝わり、長いあいだを掛けてこれほどの数になったのです。

鳥居の朱は、あけ、とも読み、明るい未来へと続くようにとの願いも込められています。そしてその朱色は万物の弥栄を表していて、幾重にも連なるお稲荷さんを身近に感じる役割をも果たしているのです。

きっとそのことが海外の方にも通じるのでしょう。鳥居をくぐるひとたちは国の内外を問わず、みんな晴れやかな表情をされています。

連なる鳥居を抜けるとそこは命婦谷です。

奥社の奉拝所があって、その右手には一対の石灯籠が鎮座していて、おもかる石と呼ばれています。

願い事を念じながら、灯籠の頭にあたる部分、空輪を持ち上げてみましょう。その重さが自分で予想していたよりも、軽く感じれば願いが叶い、逆に予想より重ければ願いは叶わない、と言われています。

ここだけでなく、「今宮神社」など、あちこちの神社にこの、おもかる石がありますが、やってみると、たいてい軽く感じます。願いを叶えたいという気持ちが、そう感じさせるのでしょうね。

それはさておき、この奉拝所でしか入手できないお守りがありますので、チェックしておきましょう。

ストラップ型の小さなお守りは、白狐の面相を折り紙風にデザインしたシンプルなもので、結ばれた小さな鈴の音も軽やかです。

お守りを買い求めたら元の参道に戻ります。

パワースポットという言葉には、神頼みという気持ちが強く表れすぎているので、あまり好きではないのですが、このあと待ちかまえているのは、京都最強とも言われているパワースポットです。

背後の山影を水面に映す池は、どこか神秘的な空気を湛えています。

その池に突き出た石積みに拝所を設け、熊鷹大神の御塚を鎮めているのが熊鷹社と呼ばれる社です。

この池は新池と名付けられていますが、別名を谺ケ池とも呼ばれています。

行方知れずになったひとを捜すのに、この池がひと役買ってくれると伝わっています。

この池に向かって手を打ち、谺が返ってきた方向に尋ね人がいる。そう言われているのです。

森閑と静まる池には不思議な霊気が漂い、尋ね人などいなくても、手を打ちたくなります。澄んだ音が池に響くと思わず背筋が伸びます。

この池のほとりに佇んでいると、「伏見稲荷大社」のはじまりとされるできごとが浮かんできます。

古く山城の国と呼ばれていた京都には、渡来系の豪族とされる秦一族が、その強大な勢力を誇っていて、京都中を制していたと言われています。ここ伏見一帯にも一族の住処がありました。

その秦一族のひとりである秦公伊呂具は、富裕な暮らしに慢心し、戯れごとに明け暮れていました。ある日食べ残した餅を的に、矢を射て遊んでいたところ、その餅が白鳥に姿を変え、稲荷山に飛び立っていきました。あとを追った伊呂具は、白鳥が降り立った峰に稲が生えていたことにたいそう驚いたといいます。

きっとこれは神の戒めに違いないと悟った伊呂具は、その場所に社を祀り、稲生りから稲荷と名付けました。

のちに伊呂具の子孫たちは先祖の慢心を悔い、その社の周りに生えていた杉の木を抜いて家に植え、一家の繁栄を祈ったそうです。

これに倣って、「伏見稲荷大社」では〈験の杉〉と呼んで社の象徴とし、参拝客に授与しています。

巡拝路に戻ります。

いろんなご利益がある木「膝松さん」

あまり時間がないようでしたら、この先の三ツ辻で北西方向へとたどり、八島ヶ池を経て折り返すのがいいでしょう。

時間もあって、健脚の方ならぜひ稲荷山のお山巡りへと進みましょう。

山と言っても稲荷山の標高は二百三十三メートルですから、山登りというには物足りないのですが、神社の参拝とすれば、けっこうな山道です。ひと回りすれば、ざっと四キロ。二時間ほどの行程になります。

東山三十六峰の最南端でもある稲荷山は、山全体がご神体と言われていますから、敬虔な気持ちは忘れずにお山巡りをしてください。歩きながら食べたり飲んだりは厳につつしみましょう。

お山巡りではたくさんの神さまに出会えますが、なかでもぜひともお参りしたいのが膝松さんです。

奥社奉拝所からお山巡りの鳥居をくぐり、頂上へと続く参道を少し上がると、屋根で覆われた松の木があります。根上りの松と書かれた黄色い標識が立っていますが、地元のひとたちは親しみを込めて膝松さんと呼んでいます。

すでに枯れている松は、周りをセメントで塗り固められ、その根の横から分かれた根が伸びていて、見ようによってはタコのようでもあり、生きもののような姿をしています。二股になった松の根元が持ち上がっていることから、根上りの松と呼ばれているのです。

なんとも不思議な形をした松ですが、いろんなご利益がある木としても親しまれています。ひとつはその名の根を値と読み替え、値上がりの松と読んで、株や給料、売上、収入が上がるというご利益です。

もうひとつのご利益は松そのものに潜んでいます。

少しばかりきゅうくつですが、二股の根をくぐると、足腰の病が癒えると信じられています。二本の根が膝のように見えるので膝松さんと呼ばれ、その膝とおぼしきところをくぐることで、足腰の病を癒やすという仕組みです。膝も治してくれる松の木はどことなくユーモラスな樹形をしていて、ひょっとすると狐の化身かなと思ったりもします。

狐と狸の化かし合いという言葉があるように、古くから狐はひとをだます存在とされてきました。

いっぽうで、収穫の妨げとなる生きものを退治してくれる狐は、農耕民族にとってありがたい存在でもあります。

そんなことから狐が稲荷神の使いとなったのでしょう。

そして狐といえば油揚げ。油揚げは狐の好物とされ、油揚げを具にしたうどんをきつねうどん、油揚げで包んだお寿司を稲荷ずしと呼びますね。狐と油揚げの関係についてはおもしろい話が残されています。

稲荷信仰がまだ浅いころ、田んぼを荒らすネズミを退治する狐を見かけた村人たちは、その礼にと思い、豆腐を狐の居場所に置きました。ところが狐は匂いを嗅いだだけで、口にすることなく立ち去ってしまいました。自分たちにとっては豆腐はご馳走なのになぜ、と疑問に思った村人は村の長老に訊ねました。

この問いに対して長老は、狐は肉食性だから、豆腐に油の香りを付けた油揚げを供える

N
W
E
S
0
300m
東福寺
東光寺
三門
崇泉寺
光明院
本町通
膝松さん（値上りの松）
三ツ辻
八島ヶ池
二番鳥居
鳥居
儀式殿
社務所
本殿
奥宮
参集殿
楼門
千本鳥居
奥社奉拝所
熊鷹社
新池
四ツ辻
御膳谷奉拝所
眼力社
御劔社
稲荷山
一ノ峰（上社神蹟）
二ノ峰（中社神蹟）
間ノ峰（荷田社神蹟）
三ノ峰（下社神蹟）
稲荷駅
深草駅
京阪本線
JR奈良線

伏見稲荷大社

よう進言します。村人がその言葉どおり油揚げを狐の前に置くと、すぐに食らいつき、あっという間に食べてしまったといいます。

この話が広く伝わり、いつしか狐と油揚げは対のものとして扱われるようになったのです。

千本鳥居をくぐっていると、鳥居の陰から狐がひょいと顔を出してきそうな気がします。神域ではありますが、お山巡りはハイキング気分で愉しめます。

海外の方には、おそらく京都で最もよく知られ、一度は行ってみたいと思われている「伏見稲荷大社」は、残念ながら世界遺産に登録されていませんが、京都にとってたいせつな財産であることは間違いありません。

ほかでは味わえない雀の焼き鳥「祢ざめ家」

「伏見稲荷大社」の門前茶屋として古くから知られる「祢ざめ家」は、鳥居が見える参道にあって、参拝の行き帰りにはとても便利な場所に建つお店です。

お店の名を付けたのが秀吉だというのですから、その歴史が分かろうというものです。

母親の健康を祈願するために、早朝から秀吉が「伏見稲荷大社」を訪れましたが、参拝のあとにいっぷくしようとしても、どこのお店も閉まったままです。唯一このお店だけが開いていたので、お茶を飲んだ秀吉は、たいそう喜んだそうです。秀吉は、「ねざめや」という屋号を与え、〈ね〉は、妻の祢々の〈祢〉とするよう伝えたといいます。

お店の名物はいなり寿司と雀やうずらを使った焼鳥です。

ネズミと共に、農耕の敵と言えば雀。田んぼのなかに立っている案山子は、雀を近づけないための役割を担っています。生育した稲を食い荒らすのですから、ネズミよりタチが悪いかもしれません。狐はしかし雀は好物ではないとみえ、退治してくれません。ならば人間がやっつけるしかない、となり、門前茶屋では雀を焼いて食べるようになったのです。

羽を広げた姿に、一瞬たじろぎますが、よくタレの染みた雀を骨ごとバリバリと噛めば、鶏肉にはない野味が愉しめ、かつ農耕の助けにもなるのですから、一度は食べてみてください。今の言葉で言えばジビエ。なかなかほかでは味わえません。

このお店のもうひとつの名物であるいなり寿司には、今では珍しくなった麻の実が入っていて、プチプチとした歯触りがむかしながらの味わいを愉しめます。

占いの入った煎餅に心躍らす「総本家いなりや」

門前のお店でよく目につくのが、狐の顔をモティーフにしたお煎餅です。〈いなり煎餅〉と呼ばれていますが、小麦粉に胡麻と砂糖、白味噌を混ぜ、一枚ずつ手焼きした、素朴なお菓子です。

ほんのりとした白味噌の甘みと、胡麻の香ばしさが合わさり、パリッと噛んだときに、その風味が口いっぱいに広がります。

どこにでもあるようで、この門前でしか食べられないお煎餅は京土産にも最適かと思います。

同じ味わいのお煎餅ながら、鈴の形をした〈辻占煎餅〉は、割るとなかにおみくじが入っているという愉しい仕掛けがなされています。

このおみくじはなんと二百二十種類もあるというのですから、どんなおみくじが出てくるか愉しみですね。外国人の方などは、フォーチュンクッキーだと言って店先で声を上げて喜んでおられます。

白い町中華「明養軒」

最近の流行り言葉で言えば、町中華というジャンルに入るのでしょうか。むかしながらの中華料理屋さんです。

京阪本線の伏見稲荷駅から南へ歩いて三分ほどの細道を少し入ったところにある「明養軒」は喫茶店風の外観ですが、ラーメンや餃子、チャーハンなど、どれも安くておいしい中華料理のお店です。

京都の町中華のお店は、たいてい赤い内装なのですが、このお店は白を基調としていて、女性でも入りやすいと思います。

昼休みがなく、通し営業なのもありがたいですね。

セットやコースメニューはなく、単品で頼むシステムですが、お奨めはランチタイム限定の日替わり定食。四つに区切られたお弁当箱にご飯とおかずが入っていて、目でも愉しめます。

平等院のはじまりは源氏物語

元は別荘だったところがお寺になった。京都にはそんな経過をたどったお寺があり、「金閣寺」や「銀閣寺」とおなじく、この「平等院」もそんな歴史を持っているお寺です。

京の茶どころ宇治に建つ「平等院」は、十円硬貨の表に描かれている鳳凰堂寺で知られていますが、その鳳凰堂の屋根の上に置かれている鳳凰が一万円札の裏にデザインされていることは存外知られていません。

日本の現金通貨二種類に描かれているのは、この鳳凰が日本の繁栄を象徴する霊鳥だからでしょう。

聖天子の出現を待って現れるという鳳凰はもちろん伝説上の鳥で実在するものではありません。中国神話の伝説に登場したのがはじまりとされ、身体は鱗で覆われた鹿、首は蛇、顎は燕、嘴は鶏、背中は亀という、見ようによっては不気味な姿をし、五色に彩られています。

鳳は雄を、凰は雌を指すと言われているそうですが、この「平等院」鳳凰堂の鳳凰は雌と雄の区別がないとされています。

そんな鳳凰がなぜ「平等院」のシンボルとされているのかといえば、風水思想に基づいているからだと言われています。

京都の名所を巡っていると、しばしば古代中国の陰陽思想と五行説に基づく風水に行き当たります。風水、四神相応という言葉は京都を読み解くひとつの鍵だということを、絶えず頭に入れておきましょう。

北は玄武、西は白虎、東は青龍、南は朱雀。四つの方位を護る霊獣の存在が四神相応で、その中央の黄龍と呼ばれる地に宮廷を定めると、都は安定すると信じられていて、まさしく平安京はそんな地形だったのです。

南の朱雀は、翼を広げた鳳凰とおなじだと言われていて、本来の朱雀は巨椋池を指すと言われていますが、都の南方に位置する「平等院」にも朱雀を置くことで、四神を盤石のものにしようとしたと考えられます。

「平等院」といえば鳳凰。まずはその存在が意味するものを頭に入れてから、参拝することにしましょう。

「平等院」のはじまりは源氏物語と言ってもいいでしょう。主人公光源氏のモデルとも言われる左大臣、源融の別荘地として建てられたものがお寺になったのです。

さんざん浮き名を流した光源氏が遊んだ別荘が、貨幣にデザインされるまでに至る。よくよく考えれば不思議な話ですね。

この別荘は源融から宇多天皇の手に渡り、やがて天皇の孫である源重信を経て、宇治殿と呼ばれる藤原道長の別荘となりました。

それにしても足利氏といい、藤原氏といい、ときの権力者たちは洛中から少し離れた場所に別荘を持ちたがったのはなぜなのでしょう。

それが権力の象徴だったのか、それともほんとうに安らげる場所を持とうとしたのか。今の時代の別荘とは少し趣きが異なるような気がします。

時を経て、藤原頼道が父道長の別荘だった宇治殿を寺院に改めたのが「平等院」の始まりです。

京都に限ったことではありませんが、多くのお寺は最初から寺だったわけではなく、紆余曲折を経て、今の寺院になっています。このことも頭の隅に置いておくと、景色や庭の造り方などに納得がいきます。

「平等院」はもともと光源氏の別荘だった。そう思いながら拝観すると、また違った風に見えてくると思います。

なぜ別荘がお寺に変わったのか。それは仏教の変遷による気がします。

日本に伝わり、飛鳥時代から広まった仏教は、現世での救済を求めるものとして、民衆に受け入れられました。それが平安時代後期になると、末法思想が広く信じられるようになります。

釈尊の入滅から二千年経つと仏法が廃れる。まことしやかに、そんな末法思想が広まり、それに加えていくつもの天災が続いたために、民衆の不安はいっそう深まりました。

この不安から逃れるための、厭世的な思想として仏教がとらえられ、その救済時期も現世から来世へと移って行くのです。この世はあきらめて、来世で救われればそれでよし。

いわゆる厭離穢土　欣求浄土の教えが流布し、末法の時代が到来したと信じた町衆はただひたすら浄土の世界に憧れるようになります。

「平等院」が創建されたのはまさにそんな時期で、極楽往生を願う貴族たちは、こぞって阿弥陀堂を建立したといいます。そしてそのご本尊はきまって阿弥陀如来。西方極楽浄土の教主とされる仏さまです。

平等院を愉しむ手掛かり

ＪＲ奈良線、もしくは京阪宇治線、どちらも宇治駅が最寄りの駅です。駅から歩いて十分ほどは掛かります。

石畳の参道にはぽつぽつと飲食店や土産物屋が点在し、やがて五つ辻に出たらひとの流れに沿って進みます。丹塗りの表門をくぐってしばらく歩くと、見覚えのある鳳凰堂が見えてきます。

寺院の金堂や本堂は南面を向くのが本来ですが、浄土の思想によって、西方極楽浄土に向くよう、東向きの阿弥陀堂が数多く造営されるようになりました。この鳳凰堂がその典型と言えるでしょう。お堂の向きを見れば、建立時の思想背景が分かる。これがお寺巡りのおもしろいところです。

阿弥陀如来さまを祀るお堂の前庭に、広い阿字池が設けられているのも、浄土思想によるものです。そしてその広い池とのバランスを保とうとして、横に長い鳳凰堂が建立されたというわけです。手元に十円玉があれば、実際の鳳凰堂と見比べてみましょう。

現世はともかく、来世での極楽往生を願う人々は、人間界から西に十万億の仏土を隔てたところにあるという西方浄土をこの「平等院」に重ねてきました。

—極楽いぶかしくば　宇治のみてらをうやまへ—

そんな歌が流行るほど、多くの人々はこの「平等院」を極楽浄土に見立てていたのでしょう。

往時はこの池に船を浮かべて遊んだそうですが、それは極楽へと旅立つ船とされていたのかもしれません。

阿字池に浮かぶように建つ鳳凰堂は、中堂、両翼廊、尾廊と大きく三つに分かれています。

三つの部分でそれぞれ屋根の形状が異なり、翼廊は切妻造、翼廊隅の楼閣が宝形造、中堂が入母屋造と変化を付けています。神々しさを際立てるためでしょうか。

国宝に指定されている巨大な阿弥陀如来坐像が、鳳凰堂の中心に端座し、周囲の壁には五十二体の雲中供養菩薩像が掛かっています。

雲中供養菩薩は、雲のなかを飛翔して阿弥陀如来を供養し、その徳を称える役割を担っています。阿弥陀如来像を作った定朝の工房で作られたものと伝わり、それぞれ楽器や持ち物、なびく方向などが異なり、見飽きることがありません。

鳳凰堂のほかにも、浄土院や最勝院などの見どころがたくさんありますが、ぜひ観ておきたいのは、鳳凰堂の南の高台に位置する鐘楼です。

この梵鐘は国宝にも指定され、天下三名鐘のひとつに数えられています。〈勢〉の「東大寺」、〈声〉の「三井寺」、〈姿〉の「平等院」と言われるように、その優美な姿には惚れ惚れします。鐘身は鳳凰や唐草の文様が浮き彫りにされ、上下三段、左右四区に分けられたものですが、鐘楼に釣られているのはレプリカで、国宝のほんものは鳳翔館のほうに展示されています。

庭園の景観に配慮して大半が地下に造られた鳳翔館には、かならず足を運びましょう。この梵鐘をはじめとして、雲中供養菩薩が二十六体、そして一対の鳳凰像など、国宝や重要文化財に指定されている貴重な宝物がたくさん展示されています。

往々にして、寺社の宝物館は収蔵されたままの形で展示されているものですが、ここ鳳翔館は照明にも気を配り、展示方法にもさまざまな工夫がなされています。それによって、展示物がよりいっそう輝いて見えるのです。

センシティブなステーショナリーやアクセサリーなどのミュージアムグッズも売られていますので、ここでしか買えない京土産として人気を呼んでいます。お奨めは雲中供養菩薩と鳳凰のピンバッジ。ぼくはこれをお守り代わりに着けたりします。

茶だんごも茶そばも素朴な味わいがよい「扇屋」

石畳の参道の端っこ、石段下にあるお店は誰の目にも入るようで、多くが店の前で一度は立ちどまります。

店の前に緋毛氈を敷いた床几が並び、料理のサンプルが並ぶショーケースが鎮座し、土産菓子が並んでいるのは「扇屋」。ちょっといっぷくするのに格好の茶店です。

お店のなかは、観光地でよく見かける絵に描いたような食堂ですが、お店の前で焼いているみたらし団子や、食堂で食べる茶そばなど、どれもが素朴な味で、食べるとほっこり和めます。

茶処宇治のお店らしく、抹茶色に染まった緑の茶そばは、もっちりした独特の食感で、ふつうのそばとはまったく味わいが異なります。

名物は茶だんご。これもまた茶そばとおなじく、もっちりとした噛み応えが独特のお団子です。

お菓子もおそばも素朴という言葉がぴたりと当てはまる味わいで、のどかな時間を得られる茶店です。

行列に並ぶ価値あるおいしいそば屋「しゅばく」

「平等院」を出て、宇治川に架かる宇治橋をわたると、東のたもとに和菓子屋さんやお茶屋さんが建っていて、そのあいだに朝霧通りと名付けられた細い道が通っています。

その通りをしばらく南に歩くと左手におそば屋さんが見えてきます。ここが「しゅばく」。最近ますます人気が高まってきたお店です。

行列に並ぶのが大の苦手なので、できれば敬遠したいところですが、それを超えてでも食べたいおそばが出るので、おいしいおそばのためなら行列も辞さないという方限定でお奨めします。できれば開店前に並んでおきましょう。あるいは午後二時を過ぎて少し客が途切れた時間を狙うかです。

カウンター席、テーブル席、小上がり席とありますが、いつも席は埋まっています。ざるや大根おろしなどの冷たいおそばは十割そばで、そば通のひとでも満足できるだろう味わいです。そばつゆはいくらか京風で、そばそのものは喉越しもよく、実に爽やかな香りがします。

予約ができれば、とか、夜もやっていれば、と思うお店です。

おしゃれな町中華ながら味は正統派「賛否両論」

ＪＲ宇治駅の南口を出てロータリーから道なりに西方向に進んだ横道にある「中華料理賛否両論」は、いっぷう変わった名前ですが、至極真っ当な中華料理屋さんです。

ほんとうは南口から東に向かうはずが、間違って反対方向に歩いていて偶然通り掛かったのですが、その店名が妙に気になって入ってみたら、おいしい焼売に出会ったというわけです。

いわゆる町中華の進化系と言えばいいでしょうか。お店のなかにはジャズが流れていて、赤を基調としたデザインですが、椅子やテーブルなどはシックなおとなの雰囲気です。

ランチタイムにはいろんなバリエーションの定食がありますが、焼売といか天のセットはベストマッチでした。隣の席の魯肉飯や焼き飯もおいしそうだったので、もう一度と思いながらまだ果たせていません。

便利な場所ながらめったに行列もできないようですから、穴場と言ってもいいかと思います。

全体MAP

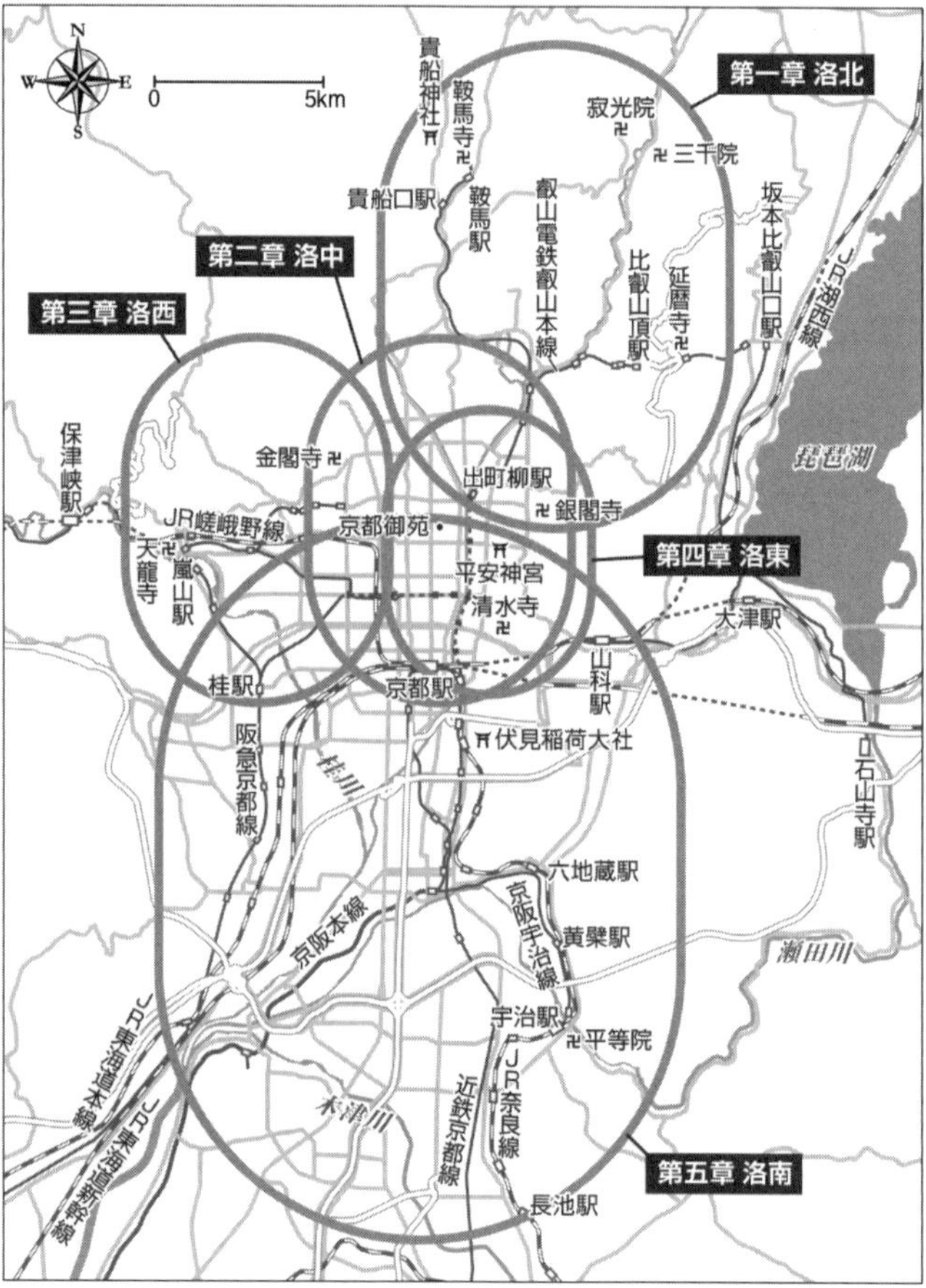
N
W
E
S
0
5km
第一章 洛北
第二章 洛中
第三章 洛西
第四章 洛東
第五章 洛南
貴船神社
鞍馬寺
寂光院
三千院
貴船口駅
鞍馬駅
叡山電鉄叡山本線
比叡山頂駅
延暦寺
坂本比叡山口駅
JR湖西線
琵琶湖
保津峡駅
金閣寺
出町柳駅
銀閣寺
JR嵯峨野線
京都御苑
天龍寺
嵐山駅
平安神宮
清水寺
大津駅
桂駅
京都駅
山科駅
伏見稲荷大社
阪急京都線
桂川
石山寺駅
六地蔵駅
京阪宇治線
黄檗駅
瀬田川
京阪本線
宇治駅
平等院
JR東海道本線
JR奈良線
近鉄京都線
JR東海道新幹線
木津川
長池駅

第一章　洛北MAP

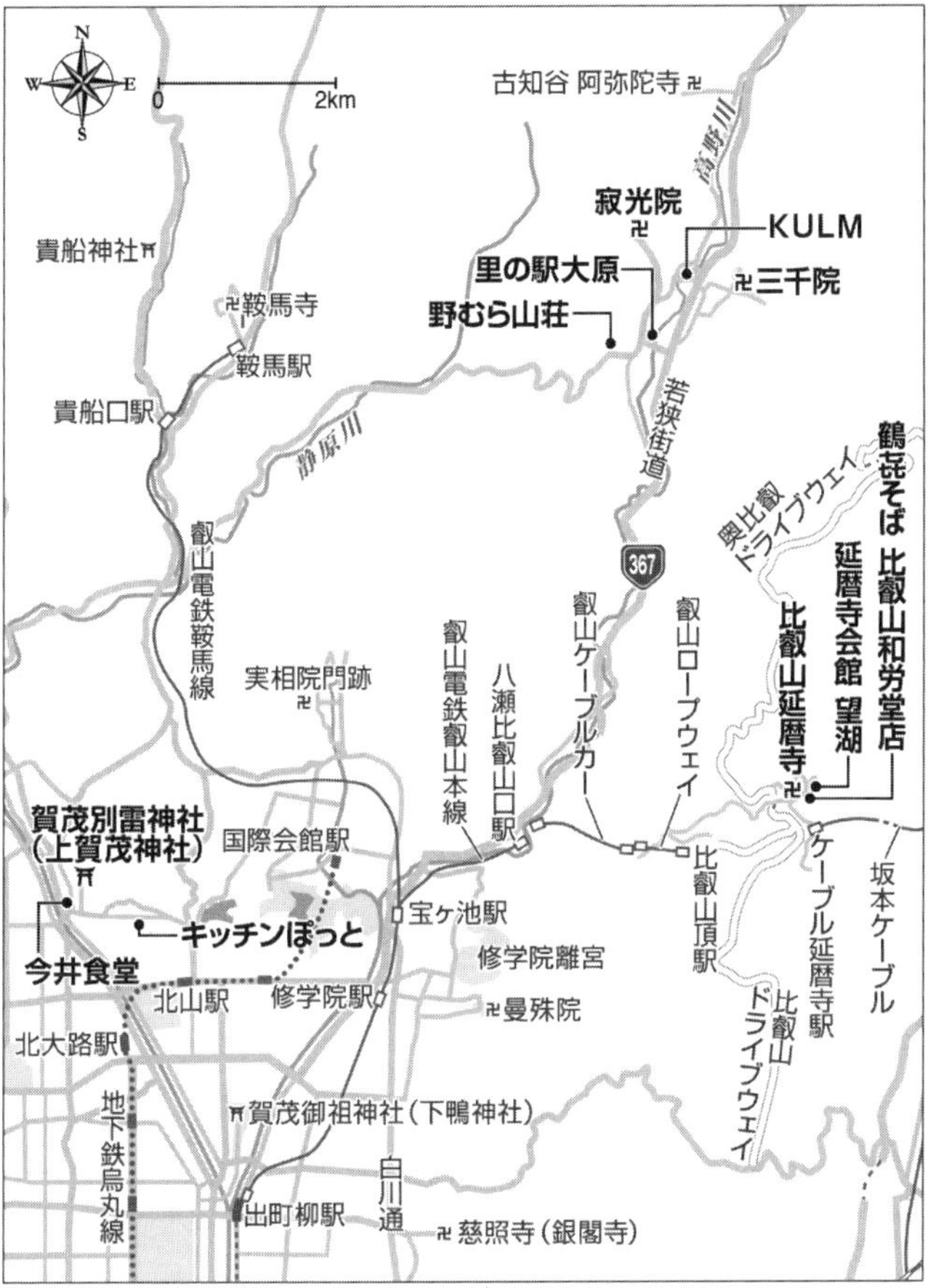
N
S
E
W
0
2km
古知谷 阿弥陀寺
高野川
寂光院
KULM
里の駅大原
三千院
野むら山荘
貴船神社
鞍馬寺
鞍馬駅
貴船口駅
静原川
若狭街道
鶴㐂そば 比叡山和労堂店
延暦寺会館 望湖
比叡山延暦寺
奥比叡ドライブウェイ
367
叡山電鉄鞍馬線
実相院門跡
叡山電鉄叡山本線
八瀬比叡山口駅
叡山ケーブルカー
叡山ロープウェイ
賀茂別雷神社(上賀茂神社)
国際会館駅
宝ケ池駅
ケーブル延暦寺駅
坂本ケーブル
比叡山頂駅
キッチンぽっと
今井食堂
修学院離宮
北山駅
修学院駅
曼殊院
比叡山ドライブウェイ
北大路駅
地下鉄烏丸線
賀茂御祖神社(下鴨神社)
白川通
出町柳駅
慈照寺(銀閣寺)

N
S
W
E
0
1km
賀茂別雷神社
（上賀茂神社）
国際会館駅
宝ヶ池駅
修学院
離宮
北山駅
修学院駅
曼殊院
賀茂川
鷹峯街道
おむらはうす
金閣寺
いただき
わら
ビフテキ スケロク
北大路駅
大徳寺
地下鉄烏丸線
賀茂御祖神社
（下鴨神社）
叡山電鉄叡山本線
白川通
慈照寺（銀閣寺）
西角
龍安寺駅
北野天満宮
今出川駅
出町柳駅
大銀食堂
北野白梅町駅
京福電鉄北野線
京都御苑
中立売休憩所
洋菓子のオオマエ
ノアノア
中華処琢磨
花もも
鴨川
神宮丸太町駅
丸太町駅
JR嵯峨野線
哲学の道
二条城
堺町通
平安神宮
地下鉄東西線
松屋常盤
料理処はな
南禅寺
三条通
蹴上駅
夷川つるや
船はしや
阪急京都線
祇園四条駅
京福電鉄
嵐山本線
京都市役所前駅
東華菜館 本店
堀川通
五条通
清水五条駅
清水寺
西本願寺
東本願寺
JR東海道本線
京都タワー
JR東海道新幹線
京都駅
東寺
東寺駅
東福寺駅

第三章　洛西MAP

N
S
W
E
0
2km
162
嵐山高雄パークウェイ
京つけもの富川
山猫軒
鷹峯街道
金閣寺
Museum 李朝 cafe & gallery
いっぷく処つれづれ
嵯峨おきな
周山街道
龍安寺
笑福亭
北野天満宮
妙心寺駅
大覚寺
清凉寺
大沢池
京福電鉄北野線
北野白梅町駅
龍安寺駅
赤マンマ
御室仁和寺駅
妙心寺
嵯峨嵐山駅
JR嵯峨野線
天龍寺
花園駅
嵐山駅
帷子ノ辻駅
嵐山カレー
地下鉄東西線
太秦天神川駅
嵐山
嵐山大善
亀山家
西山艸堂
天龍寺篩月
京福電鉄
嵐山本線
西院駅
松尾大社駅
桂川
松尾大社
五条通
西芳寺
阪急嵐山線
阪急京都線
桂離宮
9
JR東海道本線
JR東海道新幹線
桂駅

第四章　洛東MAP

N
S
W
E
0
1km
叡山電鉄叡山本線
修学院駅
曼殊院
北大路駅
大徳寺
てづくりとうふ すがい
グリル生研会館
賀茂御祖神社（下鴨神社）
ゑびす屋加兵衛
白川通
下鴨茶寮
コーヒーハウスマキ
今出川駅
今出川通
出町柳駅
慈照寺（銀閣寺）
地下鉄烏丸線
京都御苑
鴨川
東大路通
京都市京セラ美術館
哲学の道
平安神宮
一番星
神宮丸太町駅
丸太町駅
山源
ラ・ヴァチュール
永観堂
二条城
京都モダンテラス
ロリアン
三条通
南禅寺
烏丸御池駅
河原町通
烏丸通
東山駅
お福
蹴上駅
阪急京都線
八坂神社
祇園四条駅
堀川通
建仁寺
地下鉄東西線
七味屋本舗
清水五条駅
五条通
清水寺
西本願寺
東本願寺
京阪本線
力餅食堂 加藤商店
ハッピー六原
七条駅
三十三間堂
京都タワー
JR東海道本線
京都駅
1
東福寺駅
JR東海道新幹線
東寺
東寺駅

第五章　洛南MAP

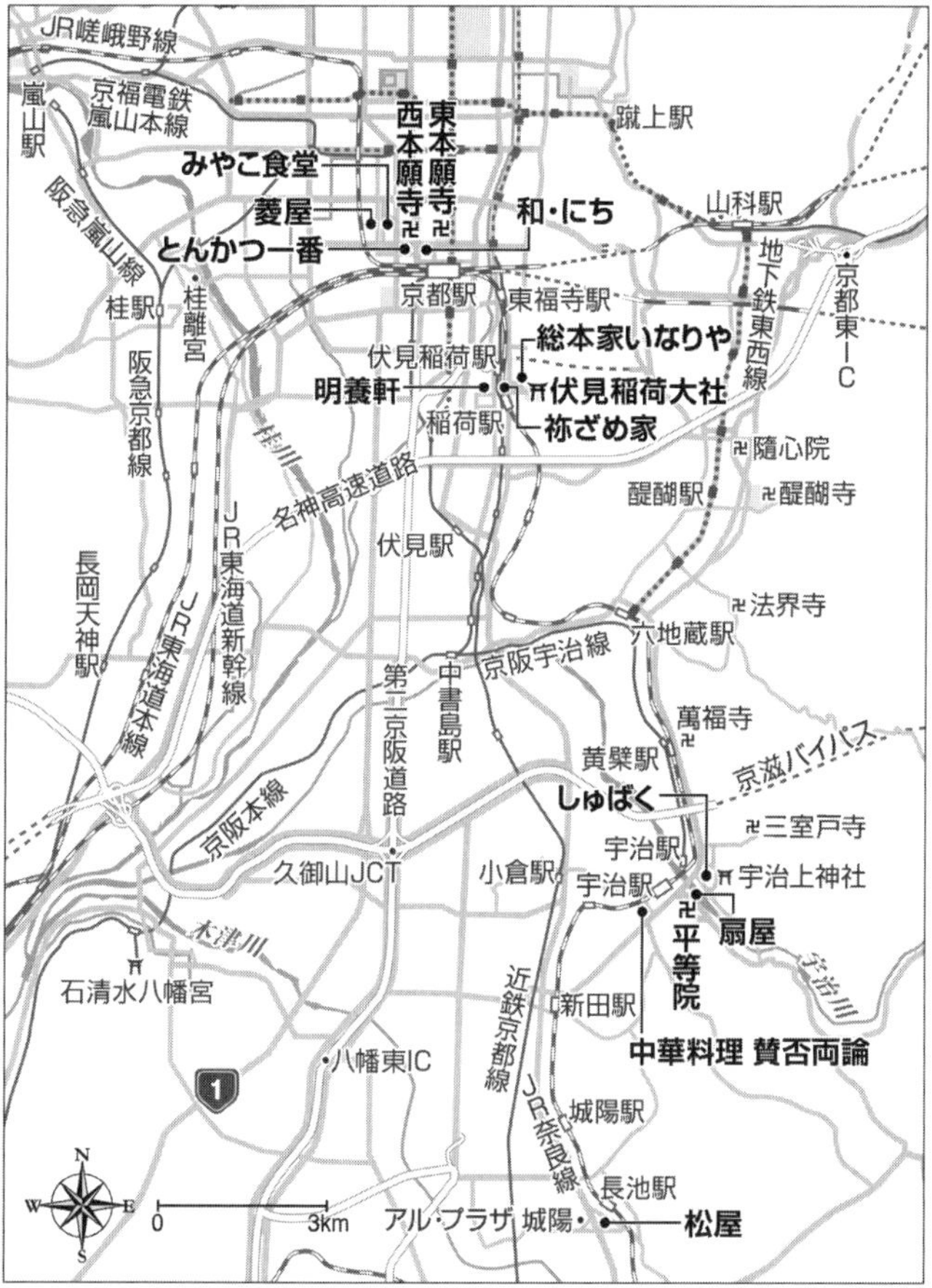
JR嵯峨野線
嵐山駅
京福電鉄嵐山本線
西本願寺
東本願寺
蹴上駅
みやこ食堂
菱屋
和・にち
とんかつ一番
山科駅
阪急嵐山線
京都駅
東福寺駅
地下鉄東西線
京都東IC
桂駅
桂離宮
総本家いなりや
伏見稲荷駅
明養軒
伏見稲荷大社
稲荷駅
祢ざめ家
阪急京都線
随心院
醍醐駅
醍醐寺
名神高速道路
JR東海道新幹線
伏見駅
長岡天神駅
JR東海道本線
法界寺
六地蔵駅
京阪宇治線
第二京阪道路
中書島駅
萬福寺
黄檗駅
京滋バイパス
京阪本線
しゅばく
三室戸寺
宇治駅
久御山JCT
小倉駅
宇治駅
宇治上神社
扇屋
平等院
木津川
宇治川
石清水八幡宮
近鉄京都線
新田駅
中華料理 賛否両論
八幡東IC
1
JR奈良線
城陽駅
長池駅
0
3km
アル・プラザ 城陽
松屋
N
W
E
S

11：00〜14：30／
17：00〜21：00（L.O.）
定休日 月曜

●とんかつ一番
京都市下京区黒門通木津屋橋上る徹宝町403
📞075-371-0722
11：30〜14：00（L.O.）／17：00〜20：00（L.O.）
定休日 火曜・第2・第4水曜（祝祭日の場合は変更あり）

●松屋
城陽市長池北清水27
📞0774-52-0031
9：00〜18：00
定休日 火曜

●和・にち
京都市下京区東塩小路町600-2
📞050-5485-1087
11：30〜13：30（L.O.）／17：00〜21：00（フードL.O.20：00／ドリンクL.O.20：30）
定休日 日曜

●菱屋
京都市下京区薬園町157
📞075-351-7635
9：00〜19：00
定休日 不定休

●みやこ食堂
京都市下京区花屋町通櫛笥東入裏片町191-1
📞075-351-7693

●伏見稲荷大社
京都市伏見区深草薮之内町68番地
📞075-641-7331

●祢ざめ家
京都市伏見区深草御前町82
📞075-641-0802
10：00〜16：30（L.O.16：00）
定休日 不定休

●総本家いなりや
京都市伏見区深草開土町2
📞075-641-1166
8：30〜17：30
定休日 木曜（1日、祝日除く）

●明養軒
京都市伏見区深草祓川町24-3
📞075-643-5429
11：30〜22：30（L.O.22：00）
定休日 木曜

●平等院
宇治市宇治蓮華116
📞0774-21-2861
拝観時間 8：30〜17：30

●扇屋
宇治市宇治蓮華21
📞0774-21-2545
定休日 不定休

●しゅばく
宇治市宇治東内13-1
📞0774-22-5470
11：30〜15：00
定休日 月曜（祝日の場合は翌日）

●中華料理　賛否両論
宇治市宇治宇文字2-52
📞0774-24-2969

●南禅寺
京都市左京区南禅寺福地町
📞075-771-0365
拝観時間 12月～2月 8：40～16：30／3月～11月 8：40～17：00

●ロリアン
京都市左京区南禅寺下河原町2
📞075-761-5971
9：00～17：00
定休日 月曜

●山源
京都市左京区南禅寺下河原町3
📞075-771-4919
11：30～17：30

●賀茂御祖神社（下鴨神社）
京都市左京区下鴨泉川町59
📞075-781-0010
開閉門時間 6：30～17：00

●ゑびす屋加兵衛
京都市左京区下鴨松原町13番地
📞075-781-0639
9：00～19：00
定休日 火曜

●グリル生研会館
京都市左京区下鴨森本町15 生産開発科学研究所ビル1F
📞075-721-2933
12：00～14：00（L.O.13：30）／17：00～19：30（L.O.18：30）
※夜は予約のみ
定休日 水曜の夜、木曜

●コーヒーハウス マキ
京都市上京区河原町今出川上ル青龍町211
📞075-222-2460
8：30～17：00（L.O.16：30）
定休日 火曜

●下鴨茶寮
京都市左京区下鴨宮河町62
📞075-701-5185
11：30～15：00（L.O.13：30）／17：00～21：00（L.O.20：00）
定休日 火曜

●てづくりとうふ　すがい
京都市左京区下鴨膳部町1
📞075-781-2419
【てづくりとうふ　すがい　2階サロン】
12：00～14：00（1階の豆腐店は、10：00～18：00）
定休日 水曜・木曜

第五章　洛南の名所を歩く

●東本願寺
京都市下京区烏丸通七条上る
📞075-371-9210
開閉門時間
3月～10月 5：50～17：30／11月～2月 6：20～16：30

●西本願寺
京都市下京区堀川通花屋町下る本願寺門前町
📞075-371-5181
拝観時間 5：30～17：00

11：30〜16：30
定休日 月曜（祝日は営業、翌火曜日休み）

●嵯峨おきな
京都市右京区嵯峨釈迦堂大門町11
℡075-861-0604
12：00〜13：30（最終入店）／18：00〜19：30（最終入店）
定休日 水曜・第3木曜

第四章　洛東の名所を歩く

●平安神宮
京都市左京区岡崎西天王町97
℡075-761-0221
拝観時間 6：00〜18：00
※神苑拝観は8：30〜
拝観終了3月1〜14日・10月は17：30／11〜2月は17：00

●ラ・ヴァチュール
京都市左京区聖護院円頓美町47-5
℡075-751-0591
11：00〜18：00（L.O.17：30）
定休日 月曜・不定休（公式サイトにて告知）

●京都モダンテラス
京都市左京区岡崎最勝寺町13 ロームシアター京都パークプラザ 2F
℡075-754-0234
11：00〜20：00（L.O.19：00）
定休日 不定休

●一番星
京都市左京区岡崎北御所町28-4
℡075-751-9692
11：00〜15：00／16：30〜19：00
定休日 水曜・木曜

●お福
京都市東山区夷町156
℡075-771-1461
[木〜日] 11：40〜14：30／21：00〜23：30
※水曜は昼のみ営業
定休日 月曜・火曜

●清水寺
京都市東山区清水1丁目294
℡075-551-1234
拝観時間 6：00〜18：00
※夏は〜18：30（7月〜8月）

●七味屋本舗
京都市東山区清水2丁目221　清水寺参道
℡0120-540-738
10：00〜17：00（季節により変動）

●力餅食堂　加藤商店
京都市東山区清水5丁目120
℡075-561-5434
11：00〜20：00（L.O.19：30）
定休日 日曜

●ハッピー六原
京都市東山区松原通大和大路東入2丁目轆轤町110番地
℡075-561-2185
9：30〜20：00
定休日 1月1〜4日

●**西山艸堂**
京都市右京区嵯峨天龍寺芒ノ馬場町63
📞075-861-1609
11：30〜17：00
定休日 水曜

●**天龍寺篩月**
京都市右京区嵯峨天龍寺芒ノ馬場町68
📞075-882-9725／
📞050-5232-9167（予約専用）
11：00〜15：00（L.O.14：00）

●**亀山家**
京都市右京区嵯峨亀ノ尾町
📞075-861-0759
11：30〜16：00
定休日 不定休

●**龍安寺**
京都市右京区龍安寺御陵ノ下町13
📞075-463-2216
拝観時間 3月1日〜11月30日　8：00〜17：00
12月1日〜2月末　8：30〜16：30

●**山猫軒**
京都市北区等持院北町39-6
📞075-462-6004
11：00〜18：00
定休日 毎週木曜（祝日は営業）

●**笑福亭**
京都市右京区谷口垣ノ内町8
📞075-461-4852
11：00〜18：00
定休日 水曜

●**京つけもの富川**
京都市右京区龍安寺御陵ノ下町5番地2
📞075-466-6675
10：00〜17：00
定休日 水曜

●**嵐山カレー**
京都市右京区嵯峨天龍寺車道町8-5 ニチエーマンション 1F
11：00〜21：00

●**赤マンマ**
京都市右京区嵯峨天龍寺瀬戸川町26
📞075-881-9073
10：00〜18：00（L.O.17：30）

●**嵐山大善**
京都市右京区嵯峨伊勢ノ上町10-3
📞075-882-0018
12：00〜20：30
定休日 火曜（祝日は営業）

●**いっぷく処つれづれ**
京都市右京区嵯峨二尊院門前往生院町25
📞075-872-5874
11：00〜16：00
定休日 木曜（不定休あり）

●**Museum 李朝 cafe & gallery**
京都市右京区嵯峨小倉山堂ノ前町20-4
📞075-882-2525

📞075-211-6348

●中立売休憩所
京都市上京区京都御苑3
📞075-223-2550
喫茶 10：00〜15：30／
御膳・軽食 11：00〜15：30

●西角
京都市上京区出町桝形
📞075-241-1571
12：00〜13：30／17：30〜21：00
定休日 毎週水曜・毎月第3火曜

●花もも
京都市中京区丸太町麩屋町西入ル昆布屋町398
📞075-212-7787
11：00〜18：30（売切れ次第閉店）
定休日 月曜（祝日の場合は営業）・第4日曜

●松屋常盤
京都市中京区堺町通丸太町下ル橘町83
📞075-231-2884
9：00〜16：00
定休日 無休（年始のみ）

●東華菜館　本店
京都市下京区四条大橋西詰
📞075-221-1147
11：30〜21：30（L.O.21：00）
定休日 なし

●船はしや
京都市中京区三条大橋西詰112
📞075-221-2673
10：00〜20：00

●料理処はな
京都市左京区川端二条上ル新生洲町104 リヴァク鴨川II 2F
📞075-751-5757
17：00〜23：00（L.O.22：00）
定休日 日曜（月曜祝日の場合は前日の日曜日は営業、月曜を休み）

●夷川つるや
京都市中京区土手町通夷川上ル鉾田町299-3
📞075-212-3561
12：00〜14：30／
18：00〜21：00（L.O.20：30）
定休日 木曜

●中華処琢磨
京都市上京区河原町通荒神口上る西入る宮垣町
📞075-252-1456
［月〜金］11：30〜14：00／
17：00〜20：45（L.O.）
［土曜夜］17：00〜19：45（L.O.）
定休日 日曜

第三章　洛西の名所を歩く

●天龍寺
京都市右京区嵯峨天龍寺芒ノ馬場町68
📞075-881-1235
参拝時間 8：30〜17：00（受付終了16：50）

●延暦寺会館　望湖
滋賀県大津市坂本本町4220 延暦寺会館
📞077-578-0047
11：30〜14：00

●鶴㐂そば　比叡山和労堂店
滋賀県大津市坂本本町4220 一隅を照らす会館地下1F
📞077-578-7083
9：30〜16：00

第二章　洛中の名所を歩く

●金閣寺
京都市北区金閣寺町1
📞075-461-0013
参拝時間 9：00〜17：00

●わら
京都市北区衣笠総門町13-3
📞075-461-5386
12：00〜20：00
定休日 水曜

●いただき
京都市北区衣笠馬場町30-5
📞075-465-9102
11：30〜16：00（L.O.15：30）
17：30〜21：00（L.O.20：00）
定休日 月曜・第4火曜（祝日の場合は営業、翌日はお休み）

●おむらはうす
京都市北区衣笠総門町10-9
📞075-462-9786
11：00〜15：30（L.O.15：00）
定休日 月曜（祝日の場合は営業し、翌日代休）

●ビフテキ スケロク
京都市北区衣笠高橋町1-26
📞075-461-6789
11：30〜14：00／17：30〜20：30
定休日 水曜・木曜

●銀閣寺
京都市左京区銀閣寺町2
📞075-771-5725
夏季（3月1日〜11月30日）8：30〜17：00／
冬季（12月1日〜2月末日）9：00〜16：30

●ノアノア
京都市左京区浄土寺石橋町37
📞075-771-4010
11：00〜21：00（L.O.20：30）
定休日 不定休

●大銀食堂
京都市左京区浄土寺東田町60
📞075-771-0692
11：00〜20：40
定休日 水曜

●洋菓子のオオマエ
京都市左京区浄土寺馬場町19
📞075-771-3698
10：00〜18：00
定休日 木曜

●京都御苑
京都市上京区京都御苑3

掲載社寺・店リスト

（営業時間・内容等につきましては、
2023年3月時点の情報です。
ご利用前に必ず店舗にご確認ください。）

第一章　洛北の名所を歩く

●三千院
京都市左京区大原来迎院町540
📞075-744-2531
拝観時間 9：00〜17：00（11月 8：30〜17：00／12月〜2月 9：00〜16：30）

●寂光院
京都市左京区大原草生町676
📞075-744-3341
拝観時間 9：00〜17：00
（12月・1月4日〜2月 9：00〜16：30／1月1日〜1月3日 10：00〜16：00）

●KULM
京都市左京区大原来迎院町117
📞090-9234-0770
11：30〜17：00／
夜カフェ17：00〜22：00（要予約）
定休日 不定休

●野むら山荘
京都市左京区大原野村町236
📞050-3171-3456
12：00〜15：00／
17：30〜21：00
※完全予約制
定休日 木曜

●里の駅大原
京都市左京区大原野村町1012番地
開催日 毎週日曜（年始休有り）
6：00〜9：00

●賀茂別雷神社（上賀茂神社）
京都市北区上賀茂本山339番地
📞075-781-0011
開門時間 二ノ鳥居 5：30〜17：00／楼門及び授与所 8：00〜16：45

●今井食堂
京都市北区上賀茂御薗口町2 上賀茂神社横
📞075-791-6780
11：00〜14：00（売り切れ次第終了）
定休日 水曜・年末年始・お盆

●キッチンぽっと
京都市北区上賀茂梅ケ辻町16
📞075-721-6907
11：00〜14：30／17：00〜19：30
定休日 水曜・第2火曜・第4火曜

●比叡山延暦寺
滋賀県大津市坂本本町4220
📞077-578-0001
巡拝時間 東塔地区
3月〜11月 8：30〜16：30／
12月 9：00〜16：00／
1月〜2月 9：00〜16：30
西塔・横川地区
3月〜11月 9：00〜16：00／
12月 9：30〜15：30／
1月〜2月 9：30〜16：00

著者略歴

柏井 壽（かしわい・ひさし）

1952年京都府生まれ。大阪歯科大学卒業後、京都で歯科医院を開業するかたわら、京都の魅力を伝えるエッセイや各地の旅行記、京都を舞台とした小説を執筆。テレビ・雑誌で京都特集の監修を務めるなど、「京都のカリスマ案内人」とも称されている。小説にテレビ化もされた「鴨川食堂」シリーズほか、「京都下鴨なぞとき写真帖」シリーズ、『祇園白川 小堀商店 レシピ買います』『海近旅館』など。エッセイに『おひとりからのひみつの京都』『おひとりからのしずかな京都』ほかベストセラー多数。

SB新書 617

歩いて愉しむ京都の名所

カリスマ案内人が教える定番社寺・名所と味めぐり

2023年 5月 15日　初版第1刷発行

著　者	柏井 壽
発行者	小川 淳
発行所	SBクリエイティブ株式会社 〒106-0032　東京都港区六本木2-4-5 電話：03-5549-1201（営業部）
装丁 本文デザイン	杉山健太郎
DTP・目次 巻末リスト	株式会社ローヤル企画
地図作成	有限会社地図屋もりそん
校　正	株式会社鷗来堂
編　集	齋藤舞夕（SBクリエイティブ株式会社）
印刷・製本	大日本印刷株式会社

本書をお読みになったご意見・ご感想を下記URL、
または左記QRコードよりお寄せください。
https://isbn2.sbcr.jp/19435/

落丁本、乱丁本は小社営業部にてお取り替えいたします。定価はカバーに記載されております。
本書の内容に関するご質問等は、小社学芸書籍編集部まで必ず書面にて
ご連絡いただきますようお願いいたします。

ISBN　978-4-8156-1943-5